世界の儚さの社会学

シュッツからルーマンへ

吉澤夏子

keiso shobo

まえがき

私が存在しようがしまいが、それとはまったく関係なく、世界は存在している、私が生まれる前にも世界は存在し、死んだ後にも世界は存在しつづける……誰でも普通はそう考えている。しかしまた誰でも、ふとしたきっかけで突然、こうした世界の唯一性や客観性への信憑が揺らぎ、「世界とは何か」、「私が生きているということ、私のこの経験、あの体験は、いったい世界とどのような関係にあるのだろうか」といった疑問に囚われることがある。世界とは本当に、この私のささやかな儚い人生とは対照的に、確固とした輪郭を描きながら遠い過去から永劫の未来まで、時空をこえて存在しつづけるものなのだろうか、と。

シュッツは、「私にはそもそも現実《リアリティ》とは何であるのかが正確にはわからない」と言って、夢や空想や科学理論の世界がそれぞれ固有の現実《リアリティ》を構成していること、つまりわれわれが唯一の客観的な世界だと信じているこの「至高の現実」と拮抗するさまざまな「多元的な現実」があることを示した。この多元的現実論の主張は、世界が、この私と同じように儚いものかもしれない、という感覚に裏打ちされている。

ルーマンは、世界を「ありそうなもののありそうもなさ」という言葉で表現している。世界とはそこにそう在るもの、確かな現実だ、と信じて疑わないとき、世界はありふれたもの、いかにも「ありそうなもの」である。しかしルーマンにとって、その「ありそうなもの」は、いくつもの偶然の積み重なりの果てに、たまたまそのように現れている、ほとんど「ありそうもない」一つの奇跡、一つの驚異である。世界は、すでに不断に生成されて在る、という仕方でそのつど立ち現れ、そのつど消え去っていく、儚い〈できごと〉なのである。

本書は、「世界の儚さ」という主題を、シュッツからルーマンへとつらなる緩やかな軌跡の中に辿ろうとする試みである。まずシュッツについて、その仕事が現代社会理論の展開においてもつ意義を、「出発点」としてのシュッツ／「転換点」としてのシュッツという二つの視点からとりあげる。次に、ルーマンの議論の核心に置かれている〈できごと〉という概念をめぐって、それがもつさまざまなインプリケーションを、大きく「時間」、「世界」、「観察」、「他者」という四つのテーマに則して論じていく。ルーマンにとって世界はどこまでも儚いものである。それは〈できごと〉という概念にもっとも尖鋭に表れている。したがって本書は、ルーマン理論における〈できごと〉Ereignisとは何か、という問いに答えようとする試みでもある。六つの章は、それぞれ独立して読むことも可能なので、ルーマンに関心のある読者は第三章から読み始めるのがよいかもしれない。また現象学的社会学について知りたいと思う読者には、第一章が入門的な役割を果たしてくれると思う。第二章は細かい議論なのでとばしてもらってかまわないが、シュッツからルーマンへという緩やかなつらなりについて少しでも学説史的な興味をもってくださった読者にとっては、まったく無駄というわけではない。

ルーマンは、社会システム論を駆使してさまざまな社会現象に鋭く迫っていく社会学者である。しかしルーマンは、世界とは何か、他者とは何かという哲学的な問いをけっして切り捨てなかった。哲学と社会学の棲み分けを受け入れず、社会理論の側から哲学的な問いを包摂するかたちでまるごと取り入れて、社会理論それ自体を〈メタ理論〉的に展開することによってその問いに答えようとした。その意味で、一般的な社会学者のイメージでは捉えられない側面をもっているといえるだろう。本書では、「ラディカル構成主義」という認識論的立場を、自己指示的システム理論という学の成立をかけて表現しようとした特異な社会理論家、というもう一つのルーマン像の輪郭を、そのほんの一端でも明らかにしたいと思う。

世界の儚さの社会学／目次

——シュッツからルーマンへ——

序章　世界の儚さという主題
——シュッツからルーマンへ——

社会理論は、私とは何か、世界はどのように構成されて在るか、そして私と世界の関係はどうなっているのか、という関心をめぐって展開されてきた。それは、「近代的なもの」をめぐる問いである。私（主体）と世界（客体）がはっきりと対峙する、私が世界の外側に立ち世界をそのすみずみまで見透して記述する、こうしたいわゆる主−客二元論の枠組みは、近代社会を読み解く典型的な図式である。

しかし、今われわれが生きているこの現代社会は、典型的な近代社会とはいえない。現代社会は、ポスト・モダン＝近代以後（post-modern）、あるいはレイト・モダニティ＝後期近代（late modernity）などとよばれるように、近代社会の構成とその基本的な部分を共有しつつ、それとはある確かな偏差をもっているような社会である。つまり近代社会と地続きで繋がってはいるが、またそれとは異なる「現代的なもの」が現れている、そういう社会である。今まで自明で確実だと思われていたさまざまな「近代的なもの」が疑問に付され、とりわけ主体／客体という対立図式の有効性や人間という主体の概念が揺らぎ始めている。(1) 「人間であること」の意味も「主体としての私」も「客体としての世界」もともに確固とした自明のものではなくなっている。現代社会理論は、このような近代社会の「現代的」変容という複雑な様相を主題化するという共通の課題を負っているのである。

私と世界が互いに拮抗する実体として対峙しているという主－客二元論、唯一の客観的現実が直線的な時間／均質的な空間に規定されて在るという世界観――社会理論のこの自明の前提を、素朴なかたちではあるが、はじめて問題化したのがシュッツである。シュッツの学的営みの根底にもっとも強く働いているのは「自明なものを疑う」という姿勢である。フッサール現象学によってヴェーバーの理解社会学を「基礎づけ」ようとしたシュッツは、社会科学者たちが暗黙のうちに自明視してきた社会的世界そのものの構成を明らかにしようとした。社会的世界の中でもっとも自明なものといえば、他者の存在である。シュッツは当然他者の存在を疑いうるものとして、「問題」にした。しかし、この問題に対するシュッツの態度はアンビヴァレントなものであった。シュッツはそれを徹底的に問いつづけることはしなかった。その問いを途中で放棄したのである。そのために、シュッツの学には〈超越論的レベル〉と〈内世界的レベル〉という〈二つのレベル〉の断層が残ることになった。シュッツは最終的に他者の存在という問題＝間主観性問題を〈内世界的レベル〉でこそ解かれる問題だと考え、その学的営みの重心を社会的世界の精細な記述へとシフトさせた。しかしシュッツは、最後まで「基礎づけ」の意図を捨て去ってしまうことはなく、この〈二つのレベル〉の断層をそのままにしたため、学的営みとしては「中途半端で宙ぶらりん」なままとどまった。つまり、シュッツは他者の存在が「問題」であることを指摘し、他者の存在はいつでも疑いうる、という態度を保持しつつ、さしあたって他者の存在を前提としたのである。

シュッツが自らの学を「自然的態度の構成的現象学」と称したことはよく知られている。シュッツは構成（Konstitution）という言葉を、後期フッサールの用語法にしたがって使っている。つまり、構成するとは、生活世界的経験としては、すでに自明である事柄を改めて——現象学的な意味で——理論的に確認することである。したがって、自然的態度の構成的現象学は、自然的態度の内でこの世界をわれわれがいったいどのように経験しているのか、社会的経験の基本的な構造はどのようなものかを問い、それを「社会的世界の存在論」として精細に記述するというかたちをとっている。シュッツの関心は、理論を構成する以前の、その前提となる社会的世界の構成はどのようなものか、にあった。

このようなシュッツの学的営みは、その後の社会理論の展開に、ある意味できわめて大きな影響を与えたといえる。シュッツの仕事が「転換点」となって、それまで自明の前提として問われなかったさまざまな事柄を——問題にするにしろしないにしろ——端的に無視することはできなくなった、ということである。とりわけ他者の存在に対してどのような態度をとるのかによって、その後の社会理論の展開は大きく二つの方向性をとったと思われる。ここでは、それを社会構築（構成）主義的／社会生成（構成）論的な方向性とよんでおく。両者は、シュッツの系譜に直接／間接に連なるという意味で、共通の学的基盤に立脚しているが、最終的にきわめて異なる地点に行き着いたといえる。

社会構築（構成）主義的な方向性（constructionism）とは、社会科学の依って立つ基盤である日常生活世界における人々の相互行為・相互理解（つまり他者との関係性）を直接の対象とし、人々が暗黙の内に共有している解釈装置の析出や、行為者の主観によって社会＝現実（reality）がいかにさまざまに構成されるか、を明らかにするものだ。(2) この方向性は、他者の存在に対してシュッツが最終的にとった態度をそのまま踏襲した。つまり他者の存在はいつでも疑いうるという態度を保持しつつ、さしあたって他者の存在を前提とした。そしてシュッツの中に最後まで残りつづけた「基礎づけ」の動機を払拭し、社会的世界の微細な研究――エスノメソドロジー、会話分析、リアリティ構成論、社会問題研究など――に向かった。そこではすぐれた事象的な研究が行なわれ、社会的世界の構成のさまざまな側面が明らかにされた。しかし、厳密にいえば、そうした研究はシュッツの「社会的世界の存在論」＝「自然的態度の構成的現象学」と同じではない。もちろんそれにきわめて近い試みもあるが、むしろシュッツが「社会的世界の存在論」で展開した内容を（他者の存在と同様）前提にしたうえで、人々が社会的現実を構成する（＝construct）方法およびその内容に照準している。その意味で社会構築（構成）主義的 constructionism といえるのだろう。シュッツ自身の学的営みに関していえば、社会的世界そのものの基本的な構成とは、構成する（Konstruktion）ものではなく、あくまで構成されて在る（Konstitution）ものである。

社会生成（構成）論的な方向性は、他者の存在を前提にする――「他者の括弧入れ」――のではなく、他者の存在という問題（＝パラドクス）を理論化の営みの過程へ組み入れることによって――「他者の取り込み」――社会理論全体を刷新しようとする試みだといえる。それは、〈内世界的レベル〉に徹底的に内属することが社会科学の「基礎づけ」に繋がるというシュッツの考えを、ある意味で積極的に引きつぐものだ。たとえば、ルーマンの社会理論には、〈内世界的レベル〉への内属をさらに徹底し、社会理論の中にシュッツの問いをまるごと取り入れて、社会理論それ自体を〈メタ理論〉的に展開しようとする志向性がある。そこでは基礎づける／基礎づけられる（現象学／社会理論＝メタ理論／理論）という二元論は完全に払拭されている。ルーマンは晩年になって自らの学的立場をラディカル構成主義（radikaler Konstruktivismus）とよぶようになる。それは一つの認識論的立場として呈示されている。しかし、ルーマンは社会理論の展開が必然的に認識論を産み落とす、と考えているので、両者の間にはシュッツの〈二つのレベル〉のような断層はない。ルーマンは、〈内世界的レベル〉への内属を徹底させ、メタ理論／理論という対立を超えて、その関係自体（他者の存在の自明性を疑う「超越論的な問い」）を社会理論の側から包括して、シュッツにおいて最後まで残りつづけた〈二つのレベル〉が一つであるような、そういう世界を志向したといえるだろう(3)。

しかし実はこうした志向性はすでにフッサールの中にみいだすことができる。フッサールは自らの学が最終的に辿り着こうとしていた地点を見通して次のように述べていた。「体系的に完全に展開された超越論的現象学は当然真実かつ真正な普遍的存在論である」(Husserl [1963:181 = 1970:351])。それは、「超越論的」と「存在論的」という言葉が同義で用いられるような世界である。フッサールは超越論的哲学という一つの学の成立をかけて、すなわち超越論的な方法を徹底させることによってその地点に辿り着こうとした。それに対してルーマンは、自己指示的システム理論という社会理論の展開によって、「構成主義」という自らの認識論的立場を表現しようとしたのである。言い換えれば、ルーマンは、フッサールが志向した学的企図を、フッサールとは正反対の方向から直接実現しようとしたといえるだろう。

ルーマンのラディカル構成主義の立場は、すでに述べた近代社会の「現代的」変容としての現代社会に正確に呼応している。ルーマンは現代社会の複雑な様相を、まず「自己指示」(Selbst-Referenz) という言葉で掬いとる。それは、ひとことでいえば「世界をまるごと主題化できない」という洞察を表している。私が在って、世界がその私の外側に在って、そして私が世界を外側から観察し記述するという世界観(私と世界の関係)は否定されている。自己指示とは、私が世界をつぶさに主題化しようと思っても、世界の中に私自身をみいだしてしまって、どうしてもできない、という事態を示している。それは「私は私を見ることができるか?」というパラドクスを含んでいる。ルーマンの議論はこうした自己指示のパラドクス――それは後に明らかにするように、他者の存在のパラドクスと通底している――を基軸に据えている。

ルーマンの描く世界は、どこまでも「儚い」ものである。それをルーマンは「ありそうなもののありそうもなさ」(die Unwahrsheinlichkeit der Wahrsheinlihen) という言葉で定式化している。ありそうもないことが、そうであるにもかかわらず、ある存在形式を獲得しているのはなぜか、という問いである。社会学は、社会秩序はいかにして可能か、と問うてきた。この問いは、世界の偶有性、つまり世界は「他でもありうる」kontingenz という認識を基盤にしてはじめて成立する。偶有性とは、可能ではあるが必然ではない（必然性と不可能性の否定）ということである。与えられた現実は、自明なもの、確実なものとみなされがちである。しかしそれを「他でもありうる」ものとして捉える視点、つまりどんなに確実で自明に見えるものも、不確実で不確定であるとみなす視点、それがこの問いを可能にさせる。ルーマンはこうした視点をさらに徹底させ、今ここにあると信憑されているこの世界の現実を、とうてい「ありそうもないこと」として、すなわちひとつの奇跡＝驚異として立ち現れさせる。世界は「ただそこにそう在る」ものなのだが、それはすでに不断に「他でもありうる」ものであり、だからこそ、そのように在ることが一つの奇跡＝驚異として感受される。そこには世界の構成が同時に、そのつどそのつどの生成であるという視点が働いている。

ルーマンのラディカル構成主義の立場を、社会生成（構成）論的な方向性として位置づける理由はここにある。ルーマンは、「ただそこにそう在る」ものとしての世界の構成を、生成論的な視点を折り込みながら明らかにしようとした。ルーマンにとって、構成とは、すでに不断に生成されて在ること、にほかならない。だからこそ、それはどこまでも儚いものなのである。

本書では、現代社会理論の展開にとってある「転換点」として特異な位置を占めるシュッツの仕事（I）と、シュッツを淵源とする二つの方向性の中で、社会生成（構成）論的な方向性として位置づけられるルーマンの理論（II）をとりあげる。

第一章は、シュッツの仕事の核心に位置する「自然的態度の構成的現象学」の具体的な内容の一端を明らかにする。ここでは、「社会科学に固有の方法とは何か」、「現象学的社会学において他者はどのように扱われているか」という二つの問いをめぐって、シュッツがどのような議論を展開したのかに照準する。それは、「出発点としてのシュッツ」の仕事の意義――そこから「現象学的社会学」は何をどのように「問題」にするのか、また社会構築（構成）主義的な方向性の始まりになぜシュッツが置かれるのか――を明らかにするためである。

第二章は、「転換点としてのシュッツ」の仕事の意義に照準する。「他者の問題」をシュッツがどのように社会学的な問題として発見し、彼独自の自然的態度の構成的現象学として展開したのかなどの論点を中心に、なぜシュッツの学が「宙ぶらりんで中途半端」のままとどまったのか、またそこにこそシュッツの仕事の積極的な意味があるというのはどういうことなのかを明らかにする。ここでの内在的な議論はシュッツがフッサール哲学から何を学び何を斥けたのか、に集中する。それは、もちろんシュッツの独自の学の意義を明らかにするためであるが、同時に、シュッツからルーマンへと——間接的にではあるが——受け継がれたものが、フッサールの最終的に企図した学とどのような関係にあるのかを明らかにするためでもある。

IIでは、ルーマン理論の根底をなす世界観——世界の儚さ——に照準し、その議論の核心的な意義を、大きく「時間」、「世界」、「観察」、「他者」という四つのテーマに則して論じていく。ルーマンの用いることばは、たとえば、システム、要素、観察、コミュニケーション、パラドクスなど、それ自体はオーソドクスな社会科学の用語である。しかしどのことばにも、彼独自の世界観が反映され、時に独特な意味あいを伴って使われている。その中でもとりわけ、〈できごと〉Ereignisということばには、ルーマンの世界観が凝縮されている。〈できごと〉は、生成し、生成した途端に消滅する。世界は、そのつど〈できごと〉に貫かれ、〈できごと〉においてそのつどその相貌を変える。〈できごと〉ということばに、ルーマン理論の基調を成す世界の儚さという主題がもっとも尖鋭に表れているのである。したがって、以下の四つの章は、それぞれ独立した論点を主題化しているが、〈できごと〉とは何かという共通の問いを根底にして、〈できごと〉という概念に含まれるさまざまなインプリケーションを明らかにする試みだということもできる。

第三章では、〈できごと〉において、「不可逆性のメタファー」で語られるような時間の表象がどのように生成されるのか、に焦点をあわせる。まずルーマンと同じ〈できごと〉＝Ereignis（性起と訳される）という概念を駆使して独自の時間論を展開したハイデガーの議論を参照しながら、

〈できごと〉という概念にこめられた意味をできる限り明らかにしておく。次に、ルーマン理論を「時間生成」という視点から読みこむことによって、われわれのよく知っている時計やカレンダーの時間——不可逆性の優位に基づく制度としての時間——が生成されるメカニズムを明らかにする。ルーマンにとって、時間もまた無条件に社会理論の前提にはなりえない。「不可逆性の優位」にも説明が必要なのである。ここでは、社会理論を〈メタ理論〉的に展開するということがどういうことなのか、が具体的に示されるだろう。

第四章では、世界と〈できごと〉の関係に照準する。世界を経験するという事態が、〈できごと〉の体験を「忘れる」ことによってはじめて可能になる、ということを明らかにする。ここでは具体的な事例として「死の経験」をとりあげ、それがどのような意味で〈できごと〉の体験であるのかを考察することによって、世界と〈できごと〉の関係がパラドクスそのものであることを示す。

第五章では、ルーマン理論の中核的な概念の一つである「観察」に焦点をあわせ、その特異なインプリケーションを明らかにする。まずシュッツからルーマンへと純化・徹底された「観察者を行為者とみなす視点」がどのようなものであるかを概観し、ルーマンが観察をいかに乾いた概念として呈示しているかを示す。次にこうした観察・観察者の概念が必然的に含意する「自己指示」的な世界の構造がどのようなものであるかを明らかにし、そしてそうした世界を可能にさせる契機《モメント》としての「他者の存在」に言及する。ここでは、「脱パラドクス化」という概念がとりわけ重要である。世界はパラドクスであり、その世界はすでに不断に脱パラドクス化されて在る、ということ、それが「ありそうなもののありそうもなさ」という世界の在り方であり、そこにルーマン理論の生成論的な視点がもっともよく表れているからである。

第六章では、ルーマンが、その社会生成（構成）論的な理論展開において、他者の問題をどのように扱っているのか、に照準する。他者の存在は、ルーマンにとって、世界が「他でもありうる」という可能性にほかならない。他者がいるからこそ世界は偶有的なものとして現れる。世界がその儚さのうちに、その儚さのゆえに存在しているということは驚異であり、一つの奇跡である。その意味で、他者をわれわれが経験しうるということもまた一つの驚異であり、奇跡なのである。そしてその奇跡的な他者との遭遇も、やはり〈できごと〉において可能になっている、とルーマンは考える。ここでは、もっともありふれた——それゆえに得難い——他者の経験として「愛の関係」をとりあげ、それが私が私でありつつ他者でもあるという体験＝〈できごと〉の体験にほかならないことを明らかにする。

（1）　主－客二元論は、まず人間である私が、はっきりと世界に対峙するものとして確立していなければ成立しない。「私が行為する」、「私が認識する」という表現が可能なのも、行為や認識において、それを選択したのがほかならぬこの私である、といいうるからであり、そのとき、私は一つの主観＝主体として現れ、それと同時に、その主観＝主体と拮抗する客観＝客体としての世界が現れるのである。主観＝主体は subject の訳語であるが、この原語自体が表すニュアンスは、たとえば、心理的な主観（デカルト）、認識する主観（カント）、超越論的主観＝実践的主体（フッサール）、あるいは身体として世界に住みつく主体（メルロ＝ポンティ）というように、さまざまに変遷してきた。日本語の訳語に関しても、意識に照準した人間のイメージから、身体をもつ人間、その身体をもって実践する＝行為する主体としての人間のイメージへという変遷が対応している。行為する主体としての人間というイメージを強調するために、たとえば社会学においては、ギデンズがsubjectではなくagentという言葉を使って理論展開を行なっている。

（2） 社会構築（構成）主義、すなわちいわゆるコンストラクショニズムとよばれる学的営みにはさまざまなものがあり、そのすべてがシュッツの直接的な影響の下にあるわけではないことはいうまでもない。ただここでは、シュッツの系譜に繋がるエスノメソドロジーやリアリティ構成論、会話分析、社会問題研究などを、社会構築（構成）主義的な方向性をとる学的営みとして位置づけることができるという指摘をしているだけである。なお、コンストラクショニズムの具体的な内容および理論的な位置づけについては、浅野［2001］によるきわめて明快で優れた解説があるのでぜひ参照してほしい。

（3） constructionismには二つの訳語、構築主義と構成主義がある。また、ルーマンのradikaler Konstruktivismusはラディカル構成主義と訳されている。しかしconstructionismと、ルーマンの構成主義は同じものではないので、両者を明確に区別するために、本書ではconstructionismを構築主義と訳すことにし、構築（構成）主義と表記する。また本書では、ルーマンのラディカル構成主義を社会生成論的な方向性をとる理論展開として位置づけているので、社会生成（構成）論的という表記を使うことにする。社会生成論的ということばは、フッサール-シュッツにおける構成Konstruktionの概念や後期フッサールの発生的現象学の発生的geneticschという概念を含みこむものとして使われている。

I

第一章　出発点としてのシュッツ

1　現象学的社会学

シュッツは現象学的社会学の祖といわれる。では、現象学的社会学とは何か、それはそれまでの伝統的な社会学とどのような点で違っているのだろうか。まず現象学的社会学に固有の特徴だと思われるものを挙げてみよう。それは、シュッツの学的動機の根底に流れているものである。

第一は、「自明なものを疑う」という姿勢である。社会学においてそれまでほとんど省みられることのなかった領域、そこに反省の眼を向け、さまざまな問題を視ることが、理論の精緻化のために必要ではないのか。第二章で詳しく述べるように、現象学的社会学は、こうした関心、いわば理論の前提への深いまなざしに支えられている。

第二は、ペシミスティックな科学観である。唯一絶対の世界を写しとる理論、という考え方は排除される。数学的・物理学的方法が唯一の正しい科学的方法ではないし、またその方法で得られた知識が唯一の正しい客観的知識でもない。はじめに現実世界が対象として在り、それを理論が切る、というのではない。事態はむしろ逆である。切るという作用によって、それと同時に世界が構成される。世界とは、それが現れるところのものであり、それ以外のものではない。シュッツによれば、「夢」も「日常生活」も「空想」も、そして「科学」も現実として同じ権利を主張できる。現実は多元的であり、「科学」の理論だけが特権的位置を占めるというわけにはいかなくなった。シュッツのこうした「多元的現実論」の主張は、理論レベルでは、科学至上主義、理論至上主義に対する一つのアンチテーゼとして機能する[1]。

第三は、生きられる世界の主題化である。経験は多様であり、世界は一つではない。世界は、不断に「生きられる」ものである。意味や時間は、われわれに外在しわれわれを拘束する単なる制度としてではなく、われわれ一人一人によってまさに「生きられる」もの、たえず生成されるものとして捉えられている。

こうした特徴には、現象学的社会学がどのような点で現象学的であるといわれるのか、がよく表れている。自明性の懐疑、科学や理論に対するペシミスティックな見方、身体を介して世界へと関与しているという感覚、これらはすべて現象学的哲学の根本的影響だとみなすことができる。周知のように、フッサールは実証主義的に偏向した世界観を俎上にのせ、近代科学が何の疑いもなく前提としてきた自然が実は生活世界的な自然ではなく、すでに解釈され構成されたものであること、つまり科学的客観的な真理が「理念の衣」にすぎないことを暴露した。生活世界は、本来学問（＝科学）をその根底から支え、常に新しい生命を吹きこみ活性化させる基盤として機能してきた。しかし近代以降、科学の成果だけが一人歩きをしはじめ、生活世界との生き生きした関係が見失われるようになった。それをフッサールは学問の危機とよんだのである。生活世界の発見は、何ものをも前提とせず、自明なものをどこまでも疑っていくという現象学の基本姿勢を貫くことによってはじめて得られたものである。また現象学は〈事象そのものへ〉ということばが示しているように、さしあたって世界の実在を確信させるものを括弧に入れ、「見えていること」「触れていること」「聴こえていること」という体験そのものから出発する。「何が真の現実か」「この眼に見えている世界はいったい本当の世界なのか」といった問いはそもそも成立しない。「見えていること」というその「生」の体験、それがすべての始まりなのである。そこには「科学が万能である」という幻想の入りこむ余地はない。フッサールの発見した生活世界を本格的に主題化したのはメルロ＝ポンティである。彼は、意識から身体へと主体性の問題を転回させて、つまりコギトの能動性をコギトの手前＝身体にみいだし、人間が身体として世界に埋めこまれているという事実を明らかにしたのである。(2)

本章では、シュッツという出発点に定位し、そこから「現象学的社会学」は何をどのように「問題」にするのか、を概説する。それは、シュッツの「自然的態度の構成的現象学」の具体的な内容の一端を明らかにすることでもある。中心的な議論は二つの問いをめぐって展開する。一つは「社会科学に固有の方法とは何か」という問いである。シュッツの「社会科学方法論」がフッサールの「ガリレイ論」とパラレルな関係にあることを示し、それが「社会的世界の存在論」の一環であることを明らかにする。もう一つは「現象学的社会学において他者はどのように扱われているのか」という問いである。〈私〉の意識のうちにおける意味形成の過程に注目し、体験と意味という基本的な概念、および他者を理解するとはいったいどのような事態をさしているのかを明らかにする。

2 社会科学における「ガリレイ論」

シュッツの「自然的態度の構成的現象学」は最終的には社会科学に固有の方法論の創出をめざしている。シュッツは自然科学の方法――つまり数学的科学としてもっとも進んでいる物理学の方法――が唯一絶対のものであるという考え方を斥ける。シュッツにとって大きな関心は、科学的知識はいったいいかにして可能か、そしてまたその論理的・方法論的前提は何か、といったことであり、自然科学の方法論的問題もこうした包括的で根本的な問題の一部にすぎない。シュッツの学は、科学的知識や方法論を可能にする前提を問うものであるが、彼自身そのような問いかけが「社会的現実を把握するために社会科学によって展開された特殊な方法論的道具立ては、自然科学のそれよりもすべての人間の知識を支配する一般的原理の発見に通じることを明らかにする」と確信していたのである（Schutz［1973:65-6］）。

シュッツが社会科学に固有の方法論の展開をめざした背景にも、フッサール現象学の影響がみられる。シュッツの「社会科学方法論」とよばれているものは、ひとことでいえばフッサールが『危機書』の中で展開した「ガリレイ論」を社会科学の分野において展開したもの、と解釈できる。

フッサールは一九世紀後半に支配的となった実証科学の繁栄による世界観の偏向、つまり客観主義的偏向に批判の眼を向ける。学問の真理とは、現代の実証科学を方法論的に支配している客観性のことであり、このような実証主義的な傾向は、人間にとって決定的な意味をもつ問題、つまり世界と世界に生きる人間の存在がいかなる根源的意味をもちうるかについて考えることのない、単なる実証主義的人間をつくりだした。われわれは今や「生」の問題に無関心な人間に堕し、ルネサンス以来人間性の再建に対して指導的な意味さえもっていた学問も実証主義的に偏向するにいたった。フッサールによれば学問の危機とは、学問がこの「生」に対する有意義性から遊離したことにある。そしてこのような危機が現れたのは、そもそも諸科学が構成される基底となる世界、学問をその根底から支え、常に新しい生命を吹きこみ活性化させる前科学的生活世界との基本的関係への洞察が見失われてしまったからである。どんな学問でもはじめは素朴で日常的な生活世界に基づいて構成される。フッサールは測定術の問題に着眼して、純粋に理念的なものの学である純粋幾何学が、もともと生活世界を地盤とする「純粋志向の理想的実践」にほかならないことを明らかにした。しかしいったん構成された学問の成果は、伝統として、その意味の基底である生活世界的根源への遡行とは無関係に受け継がれていく。そしてやがて科学によってつくりだされた理想型が生活世界的類型にとってかわるように、理想化された自然が学以前の直観的自然とすりかえられるようになってしまった。ガリレイでさえ、理想化という作業が幾何学以前の生活世界とその実践的な技術を基底として生じてくる仕方に眼を向けようとすることなど思いも及ばなかった。しかもガリレイの近代物理学の根本思想には、具体的な世界全体は数学化しうる客観的世界であるという考え方があった。幾何学は応用幾何学へ、つまり純粋数学は応用数学へと発展し、その発展の上にガリレイは自然の数学化によって——本来は数学化しえない生活世界の内実を捨象するか、あるいは形式といっしょに数学化するという歪んだかたちで——近代物理学を成立させた。そしてさらにその発展の上に総じて近代自然科学が築かれてきたのである。この近代自然科学の自然とは、もはや生活世界的自然ではない。ガリレイと同時にすでに、理想化された自然と生活世界的自然のすりかえが始まっていたのである（Husserl［1962 = 1970］）。

フッサールはこのように自然科学の自然が生活世界的自然ではないことを暴露し、彼の究極の目的である精神科学の基礎づけの問題を際立たせようとしている。シュッツもほぼフッサールと同じ関心のもとに、彼の場合は特に社会科学に重点をおいて基礎づけの問題を考えているのである。

シュッツは科学者の態度と社会科学の方法との関係について次のように述べている。

> この生活世界を科学的に観察しようと決心することは、もはやこの世界の中心として自分の場所や自身の関心の状態を定めようとするのではなく、生活世界の現実の方向づけのために別のゼロ項を代用させることを意味する……（中略）……方向づけの枠ぐみに別のゼロ項を代用させるとともに、素朴な人間にとっては自明であったあらゆる意味連関は、ほかならぬ彼自身との関連において今や基本的な特殊な変容をうけている。社会科学や文化科学にとっては、それに固有のそのような変容の類型を展開すること、つまりその特殊な方法をつくりだすことが残されている。いいかえればこれら科学は生活世界の現象が理想化の過程によって変容されるようになることについての、その変容の方程式を与えねばならないのだ……（中略）……なぜなら理想化や定式化は、フッサールが自然科学について述べた役割とまったく同じ役割を、社会科学に対して果たすからである。ただしそれが形式の数学化の問題ではなく、〝内実〟の類型学の展開の問題であるという点を除いて（Schutz［1973:137-8］）。

生活世界に素朴に生きているわれわれはまず何よりもこの世界に実践的関心をもっている。しかしわれわれはそのような実践的主体であると同時に超越論的主体でもあるので、いつでも反省という作用によって意味の過程を活性化させることができる。ただわれわれはそのことを自覚していないだけである。つまり「依然としてこの世界のゼロ項である」ことに変わりはない。それに対して科学者たらんと欲することは、今までの自分自身の世界の中心であった「ゼロ項」を、その学問的関心によって選ばれた問題状況に則した別の「ゼロ項」と置き換えることを意味する。この別の「ゼロ項」への置き換えとは、科学者にとって必要ないわば科学的態度への全面的態度変更の習慣化を意味している。われわれはいつでも科学的態度をとることができるし、また事実とっていることもある。しかしそのような態度変更は実践的関心によって常に自分の「ゼロ項」に引き戻される。だから科学者はその態度変更を習慣化しなくてはならないのだ。つまり科学者も「その科学的仕事の中で常に彼自身の生活世界と関係しているし、また関係することを余儀なくされる」。しかし「ある程度まで志向性の生き生きした流れからは離れて」いるのである。科学者は、彼自身が生活世界に生きる人間であるという事実には何ら変わりはないが、科学をつづけている間は、彼が自ら選んだ科学的態度をとりつづけるように要請されているのである。そしてこのように科学的態度をとりつづけている科学者にとって生活世界のあらゆる意味連関は「ほかならぬ彼自身との関連において」ある種の基本的変容をうける。つまり科学者が一つの「ゼロ項」を別の「ゼロ項」に置き換えることによって、彼自身の生活世界は理想化をうけ類型的に変容されるのである。シュッツによればこの変容の方程式を与えることが社会科学に残されていることである。

　シュッツはこうして生活世界に素朴に生きている人と科学的態度をとりつづけている人が生活世界とどのように関わっているかを記述することによって、科学者の態度と科学の方法が密接な関係にあることを示した。しかしシュッツがこの「記述」によって意図していたことはこれだけではない。彼は社会科学における「ガリレイ論」の展開の重要性を認識し、自らその一歩を踏み出しているのである。

すでに述べたように、自然科学者たちが何の疑いもなく受け入れてきた自然は、実はガリレイが数学化した自然、つまり理想化した自然であって生活世界的自然ではなかった。しかもガリレイは生活世界における内実を捨象するか、あるいは形式といっしょに理想化してしまった。フッサールはガリレイの理想化のこの歪みを指摘することによって、自然科学の客観的真理が「理念の衣」にすぎないことを暴露した。ガリレイ以来のめざましい自然科学の成果は疑うべくもない。この「理念の衣」が自然科学の驚異的な発展に繋がったことは間違いない。しかし精神科学においてもことは同じなのだろうか。おそらくフッサールはこの点に根本的な疑念を抱いていたに違いない。そしてシュッツも、このフッサールの考え方を受けつぎ、社会科学が自然科学の方法に依拠しなくてはならない根拠はどこにもないと確信する。

シュッツはまず比喩的に、自然科学の営みが生活世界の形式を数学化していく過程であるなら、社会科学の営みとは生活世界の内実（Füllen）を類型学として展開していく過程にほかならないと考える。そしてシュッツにとって、社会科学におけるガリレイはヴェーバーである。シュッツはヴェーバーの理念型やその法則の理論を、社会科学の方法の型を特徴づけるものとして高く評価している。しかし数学の公式がその当初の意味形成の地盤、つまり生活世界から切り離されて一人歩きするように、類型学もまたそれが人格という高度に複雑な内容を扱うだけに、単なる方法を実在だと思いこませ生活世界の豊かな内容を忘れさせるという危険を常に孕んでいるのである。ヴェーバーの方法論をこの意味形成の地盤に引き戻すこと、それがシュッツの「基礎づけ」の仕事にほかならない。そしてシュッツはこの仕事を、ヴェーバーの方法や基本概念が機械的に無批判に踏襲されてきたことに対して、科学者たちに反省の眼を向けさせることが重要であるという考えの下に、科学者なら誰でもが無意識に行なっている手続きを改めて明らかにすることから始めている。科学者が研究のさいにある種の科学的態度をとるのは当然のことで、誰でも自分自身の「ゼロ項」を別の「ゼロ項」に置き換えるという態度変更を行なっている。しかしそれはほとんど無自覚に行なわれる手続きであって、科学者自身が明確に意識しているわけではない。われわれはこのような手続きや方法や専門分野で使われる概念などを何の疑いもなく受けついで使用している。自然科学者たちが、自分たちの対象としている自然がガリレイによって数学化されたものであることなどに思いも及ばないように、社会科学者たちも自分たちが対象とする社会が生活世界を地盤としてすでに理念化されたものであることに気づかない。そして「理解」「意味」「行為」などの概念が生活世界からどのように生じてくるのかに眼を向けることもない。シュッツは科学者一人一人にまずこのことを自覚させることが、彼の「基礎づけ」の最終目標である社会科学に固有の方法論を創出するための第一歩になると考えたのである。

したがって、通常シュッツの社会科学方法論とよばれているものは、社会科学における「ガリレイ論」の一端であると解釈できる。たとえば、シュッツは主観的解釈の公準について、「一方で常識的構成体である第一次構成体（＝社会的世界）は主観的要素、つまり行為者自身の視点からその行為を理解することを含んでいるのは明らかであるから、もし社会科学がほんとうに社会的現実を説明しようとするならば、第二次の科学的構成体もその行為が行為者に対してもつ主観的意味との関係を含まなければならない」と説明したあとで、「これがM・ヴェーバーがその有名な主観的解釈の公準で理解したところのものであり、そしてそれはこれまであらゆる社会科学の理論構成のさいに確かに行なわれてきたことであると私は思う」（傍点引用者）と述べている（Schutz［1973:62］）。つまりシュッツが第一次構成体から第二次構成体を導く手続きとして挙げるさまざまな公準は、シュッツ自身が新しく方法論として展開しているというよりも、すでに社会科学者たちの間で行なわれてきた方法を改めて明らかにしたものであるといえるだろう。客観性の公準――科学者は科学者になろうと決心することによってその個人誌的状況を科学的状況に置き換えるのだが、その科学的状況がどのようなものであるかは、単にまったく個人的なものではなく、それぞれの科学の現実の状態によって決まるのであり、その解決もその科学を支配している手続き規則にしたがって達成されるということ[3]――もシュッツのヴェーバー解釈であり、論理一貫性の公準も適合性の公準も、科学者にとっては改めていわれるまでもない当たり前の、常に行なっている手続き、あるいは当たり前のこととして行なわれてきた手続きを、もう一度はっきりと明文化しようとしたものなのである。

　シュッツが適合性の公準について「人間行為についての科学的モデルの用語はすべて類型的構成によって示されるような仕方で、個々の行為によって生活世界内で遂行される人間の行為が、行為者自身にとってもまた仲間たちにとっても、日常生活の常識的解釈によって理解可能なものであるように構成されねばならない」（Schutz［1973:44］）というとき、このことはまず何よりも、科学的モデルの用語が由来しているのは第一次構成体でありそれ以外のものではないということを意味している。シュッツが社会科学の「基礎づけ」の学として社会的世界の存在論を展開しているのは、この第一次構成体の本質構造を問うためである。そしてその一環として、社会科学のあらゆる概念や方法がこの第一次構成体である社会的世界から生じてくるその仕方に眼を向けることがいかに重要であるか、を訴えることが含まれている。そうだとすれば適合性の公準は、科学的モデルの用語が本来どこから生じてくるのかを、科学者たちに気づかせるという役割を果たしているといえる。

シュッツは、たとえば「理解」という概念についても、まず第一次構成体の中でそれがもつ意味と関連性の体系を明らかにしたうえで、第二次構成体における理解――つまり科学的・学問的理解――がどのようなものであるかを明らかにしていく。このようなシュッツの論の進め方はいたるところにみられる。科学者の態度を論じるときも、科学者が生活世界に素朴に生きている人間であることに常に留意し、まず両者の関係を明確にすることから始めている。つまり彼は必ず第一次構成体＝社会的世界を問うことから出発しているのである。シュッツは社会学者たちが理論構築や社会現象の説明・解釈のさいに、暗黙のうちに自明視してきた社会的世界そのものを問題とし、その基本構造を精細に記述することによって、社会学の「基礎づけ」を試みたのである。社会学が対象とし前提としている社会的世界が、そこに生まれそこに育ちそこに生きてきた人々、生きている人々によってすでに解釈され構成されたものであることに社会学者はなかなか気づかない。理論化の枠組みや論述の基本用語もすでに了解ずみの事柄として扱われ、それらが社会的世界の中からどのようにその意味を獲得してきたのかが改めて問われることもない。シュッツはその社会的世界＝第一次構成体を問うことこそ重要だと考えたのである。

シュッツの「自然的態度の構成的現象学」の中心的仕事は、このような社会的世界の存在論の展開にあり、そしてそれはほとんど記述という方法によってなされている。シュッツは社会科学の理論を構成したのではない。現象学的記述を行なったのだ。しかしシュッツは記述に徹することはできなかった。なぜなら、彼はその独自の学を押し進めながら同時に、そのような学がなぜ社会科学に必要であるのか、なぜフッサール現象学に依拠するのかといった問題を解き明かしていかなければならなかったからだ。シュッツはメルロ＝ポンティが「解釈を行なうその瞬間には、社会学者も彼自身、すでに哲学者なのである」と言ったその意味を、社会学者たちの間に改めて顕在化させることがいかに重要かを認識し、それを自ら行なったのである。シュッツの仕事は「記述しながら、なぜ記述するのかを説明する」という繰り返しであった。そこに社会科学史上特異な「転換点としてのシュッツ」そして「出発点としてのシュッツ」の意義があるといえる。(4)

3　〈私〉——体験と意味

シュッツの仕事の中心が「社会的世界の存在論」という記述にあること、そして「社会科学方法論」の展開もそうした記述の一環として捉えられることについて述べた。シュッツの「社会的世界の存在論」は、いうまでもなく「自明なものを疑う」という姿勢に支えられている。シュッツは社会学の前提をなすものを次々に疑っていったが、その態度を徹底して貫くことはできなかった。この世界で何よりも自明なもの、つまり最後に疑われるべきものは他者の存在である。われわれは、街で往き交う人々を、自分と同じような身体と意識の流れをもつ人間だと思っている。そうした人々とともにこの世界にまきこまれ、相互に行為をしあい、社会を形成し、歴史を織り成していること、それは何の説明も要しない自明の事柄であり、われわれの日常生活のあらゆる活動の、そして社会学者のあらゆる学的実践の前提である。社会学は、複数の高度に複雑な人格間の関係を対象とする学問である。どのようなレベルにおいても、ただ一人の人間だけを問題にすることはない。その意味では、日常生活を営む人々が素朴に、そしてそれゆえ強固に信じている「私と他者たちとの共存」を、社会学者もまた信じて疑わない。

シュッツは他者存在の自明性を、いつでも問題化しうるという認識をその根底に常に抱きながら、それを哲学的に解明するよりは、むしろ「私と他者たちとの共存」という事実そのものから出発し、その自明性を示していくことこそ、社会学の「基礎づけ」にとってより実りある作業だと考えるにいたる。シュッツはこうして、人々の素朴な態度によって生きられている世界に立脚し、「私と他者たちとの共存」という事態を克明に記述していったのである。したがって、現象学的社会学において問われるのは「他者とは何か」とか「私はいかにして他者に到達できるのか」ということではない。問題は「私と他者たちとの共存」という事態がどのように示されているかということである。

以下この問題に焦点をあわせ、現象学的社会学において他者がどのように扱われているのかを明らかにしていこう。まず〈私〉の意識のうちにおける意味形成の過程に注目し、体験と意味という基本的な概念を概観する(5)。

〈私〉は二つの時間の形式を生きている。一つは「今、そのように」から「今、そのように」へのたえまない生の流れ、誰のものでもない自分だけの内的時間の流れ、いわゆる内的持続とよばれるものである。もう一つは誰にとっても同じように刻まれる時の流れ、客観的で均質な、いつでも分割可能な時間、いわゆる時計の時間である。この二つの時間形式にしたがって、〈私〉は二つの体験の形式をもっているといえる。〈私〉は内的持続の経過にひたすら身を委ね、その瞬間を唯一の二度と繰り返すことのない、多様な充実のうちに生きている。その瞬間には、しかし今から今へのこのたえざる移行の中に私が在るということに気づくことはない。それをそうしたものとして把握することはできない。それに対して、〈私〉はまた刻々と過ぎ去る時の流れに次々と眼を向け、それを再構成したり、解釈したりしながら生きてもいる。普通われわれが日常生活において行為したり思考したりしているのは客観的な時計の時間の中であり、自分だけの私的な持続（Dauer）に溺れることがそれほど頻繁にあるわけではない。いいかえれば、〈私〉がまったく無反省に体験する内的持続の流れは前現象的な体験であり、すでに生成し過ぎ去った内的持続の流れに反省的なまなざしを向けたときはじめて、その流れから区別され際立たせられた、現象としての体験が現れるのである。そして「意味ある」体験といわれるのはこの反省のなかで捉えられた体験だけである。反省という作用は過去の体験を前提にしているので、有意味性は過去の体験だけに認められる。「ただ体験されたものだけが有意味なのであり、体験はそうとはいえない」（Schütz [1932:69 = 1982: 69]）のである。しかしこの有意味性はけっして一義的に固定されるわけではない。反省を向ける時点と反省が向けられる時点は相互に影響を与えあう。同じ体験でも、どのような「今、そのように」からまなざしが向けられるかによって、その意味はさまざまに違ってくる。そしてまた反省的まなざしが混沌と流れ去る持続のどこに向けられ、どのように深く、または浅く絡みあっているのか、それはその時々の「今、そのように」によって実践的に制約されている。このまなざしそのものが被るさまざまな変様を注意変様（attentionale Modifikationen）という。これによって体験の特殊な意味が構成されるのである。

〈私〉はこうしてさまざまな体験をもつ。そしてこうした体験が積み重なり、一つの「運動」、一つの「行動」、一つの「行為」といったまとまりのある現象が構成される。それぞれの体験はそのつどの「今、そのように」において構成されるが、そうした体験の連なりは、いったん過去へと流れ去ってしまうと、それを一つのまなざしの中で、いわゆる一つの経験として捉えることができるのである。そして複数のさまざまなテーマの下で連続的に構成されるさまざまな体験と、それらを一つのまなざしの中で捉えることは、有意味に連関している。これは、それ自体が意味連関である一つ一つの経験の連なりが、再び一つのまなざしの中で捉えられ、より高次の経験として把握され、その関係が意味連関をなす……というように限りなく重層的に続いていく。そしてその時々の「今、そのように」におけるすべての意味連関の集積が〈私〉の経験連関としてストックされる。

ここには、〈私〉のおよそすべての体験が含まれている。経験連関とは、〈私〉がこの世界について知っていることのすべてであるといえる。この経験連関の全体像には、新しい体験が刻々と付け加わり、その姿を変えていく。〈私〉には、どの「今、そのように」においても、ある一定の経験のストックが所与のものとして、つまりそれがもともとどのように複数のさまざまなテーマの下に構成されたかが問われることなく与えられている。〈私〉の経験の全体連関とは、ことばをかえていえば、〈私〉がその持続の一定時点において〈私〉の「経過した位相的な構築のなかで構成される諸体験に向ける配意（この配意のあらゆる注意変様を含む）全体の総括」（Schütz [1932:104=1982:107]）にほかならない。そしてこのあらかじめ与えられている経験の全体連関の中に、ある体験を組み入れ自己解釈すること、それがすなわち体験の意味なのである。

このように〈私〉はさまざまな体験を自らのものとなし、生きている。〈私〉はいつでも過ぎ去った持続の流れにまなざしを向け、それを有意味な体験として浮かび上がらせることができる。しかしそのまなざしという光は、あらゆる体験を同じように、一定の強さで照らしだすわけではない。明るく鮮やかに浮かび上がるものもあれば、暗闇の中で輪郭だけしかわからないものもある。〈私〉の持続だからといって、あらゆる持続の流れがそのすべての「今、そのように」において、反省されさえすれば有意味な体験として切りだされるというわけではない。反省されることのない体験、反省されたとしてもぼんやりと「何かあった」ということしかわからず、それが「何か」はけっしてわからないような体験がある。それをシュッツは「本質的に直接的な体験」とよぶ。身体にかかわるあらゆる体験、身体上の単なる動きや、痛みなどの肉体的苦痛、性的興奮、また「気分」とか「感じ」「雰囲気」といった漠然とした心的な諸現象、さらに怒り、悲しみ、けだるさ、不快感、喜びといった広い意味での「感情」まで、この体験には含まれる。このような体験の特徴は、それが〈私〉の内的持続の流れのある一点において、〈私〉の身体の内奥深く絡みあい、〈私〉だけの時間と分かちがたく結びついているということである。

もっともありふれた、わかりすい例を挙げよう。音楽の生演奏を聴くという体験がある。ジャズでもクラシックでもポップスでも、コンサートなどに行ってよく経験することだが、音という音が躰の内部へと入っていくのがはっきりとわかる瞬間がある。気がつかないうちに声をあげていたり、躰が揺れていたりする。そのとき音は〈私〉の時間を流れている。音の流れに躰を委ねていると、〈私〉はしばし時（時計の時間）を忘れる。このときの感覚はほとんどエロス的とよびうるものである。しかしこの躰で聴くという感覚は、そのつどの「今、そのように」において刻々と体験されるものでしかない。体験されたと同時に消え去るようなものである。コンサート会場を一歩外に出た途端、あの空間を支配していた熱気、異様な雰囲気は急速に色褪せる。しばらくは余韻に浸るということもできるが、一日たち二日たつとあの時の感覚をそのままに鮮やかに蘇らせることはできない。思い出そうとしても、それはただ「とてもよかった」とか「とにかくすごかった」「感動した」という漠然とした平板な言葉、つまり紋切り型の言葉で捉えられるにすぎない。「どんなふうに」という中身、体験そのものはあの時に置き去りにされたままである。激しい感情――それはたとえば「怒りで紅潮する」「恐怖に震える」「哀しみに青ざめる」というように必ず何らかの身体的変化を伴っている――、また痛いとか熱いという感覚も、ひとたび過ぎ去ってしまえば、それが存在したということだけが記憶される。つまりそれらは「もっぱら〝体験〟されるだけで決して〝思考〟されえない」(Schütz［1932:70＝1982:70］)のである。

「本質的に直接的な体験」は〈私〉が、そのつどそのつど「今を生きている」ことの証しである。ただし〈私〉はそれをそのまま語ることはできない。しかしすでに述べたように日常生活における私は常に他者とともに在り孤独のうちにはない。〈われわれ関係〉の中で、他者は「今を生きている」私をその一瞬一瞬において捉えることができる。他者はここで私の体験の立会人として重要な役割を果たしている。それが次の問題である。他者を理解する、とはいったいどのような事態をさしているのか。理解社会学における理解とはいったい何か。

4　まなざしの交錯

〈私〉についての以上すべての分析は、この社会的世界に私とともに居合わせる人々にもそのまま当てはまる。他者も私と同じように意識の流れ＝持続をもち、それは私のものと同じ形式を示している。私が私の持続にまなざしを向け、ある体験を際立たせ、私によって「思念される意味」を付与することができるのとまったく同じように、他者もまた他者自身の持続にまなざしを向け、ある体験を際立たせ、他者によって「思念される意味」を付与することができる。私は自分の経験のストックに照らし合わせて新しい体験を次々に自己解釈する。その自己解釈は常にその時々の「今、そのように」によって変様を受けている。さまざまなテーマの下で構成される体験を、どの範囲で一つのまとまった経験としてまなざしの中に捉えるのか、それは私のそのつどの「今、そのように」に依存している。他者が自分の経験のストックに照らし合わせて新しい体験を自己解釈するときにも、これとまったく同じことがいえる。

　したがってもし「他者を理解する」ということが、他者によって「思念される意味」を私が把握できるということなら、そして理解社会学の理解がそのようなものであると主張されているなら、それはあまりにばかげたことである。他者がどのような「今、そのように」においてまなざしを向けているのか、そのつどのような経験のストックに照らし合わせて自己解釈を行なっているのか、といったことをすべて私が知っているなら、私は他者の自己解釈をそのまま自らのものとなしうるかもしれない。しかしそのようなことを「知っている」ということはすなわち、私と他者の持続経過がまったく同じであること＝私と他者が同一人物であることを意味する。そんなことはありえない。他者によって「思念される意味」はほかならぬ他者の意識の流れの中でのみ構成されるものである。それはすぐれて主観的なものであり私にはけっして近づくことができない。逆もまた真である。

　では「他者を理解する」ことはそもそも不可能なことなのだろうか。そうではない。われわれは日々確かに他者を理解しながら生きているといえるのだから。だとすれば、「他者を理解する」とはいったいどういうことなのか。このことを理解するための出発点は、まず他者によって「思念される意味」（他者が他者自身の体験を自己解釈すること）と、私が他者の体験に付与する意味を区別することにある。前者は私によって直接把握されることはない。問題は後者である。「私が他者の体験に意味を付与する」とはどういうことなのか。それを可能にしているものはいったい何なのだろうか。

　ここで登場するのが「同時性」（Gleichzeitigkeit）の概念である。同時性とは端的に私と他者が共存していること、つまり私の持続と他者の持続が「同時的であること」を意味している。ここではこのことばの含意をさらに詳細に検討してみる必要がある。私が他者と共存するといっても、それはたとえば私が、このテーブル、この灰皿、この窓……と一つの時間・空間を共にしているということと同じではない。確かに他者の身体は一つのものとして他のものと同じようにこの時間・空間の中に在る。しかしその在り方は単なるものとは決定的に異なっている。私と他者が共存しているとは、私が自己自身を体験するあの連続的で多種多様な不可逆な純粋持続が私自身に絶対的な現実として与えられているのと同時に、他者の持続が私に絶対的な現実として与えられており、逆に他者にも他者自身の持続と同時に私の持続が与えられていること、を意味している。それは私の持続と他者の持続がともに流れること――「一つであっても二つであっても違いのない二つの流れ」（ベルグソン）となること――にほかならない。

私は私固有の、他者は他者固有の時を経る。しかしこのとき私と他者はともに同じ時を経ている――つまりともに年老いている――といえるのである。そしてこのことこそ私と他者の持続の構造が同じであることの「本質必然的な仮定の表現」（Schütz [1932:230 = 1982:227]）にほかならない。私と他者が出会ったとき、その瞬間に私は他者を、他者は私を、ものではなく一人の、自分と同じ人間だとみなすのである。ものには客観的な時間しか流れない。しかし他者の身体には内的持続の経過が流れているのである。

私と他者がともにそこに居合わせているとき、つまりお互いが全身的に与えられているとき、私は刻々と流れゆく他者の体験（それはけっして他者についての私の体験ではない）をまなざしの中に捉えることができる。このとき、私と他者には純粋な〈われわれ関係〉という虚的形式がすでに与えられている。われわれはそれに基礎づけられてさまざまな具体的な社会関係を形成している。純粋な〈われわれ関係〉において、私の持続と他者の持続は平行して流れている。私の持続のこの一瞬が他者の持続のこの一瞬に対応している。私がテーブルの上のコップに目を向ける。他者もテーブルの上のコップに目を向ける。私は他者が私の見ているコップを見ているのを見る……こうしてまなざしの交錯は鏡の中の鏡のように無限に続いていく。この事実によって「われわれはコップを見ている」という言明が可能となる。もちろん誰も、私がコップを見ているという体験と他者がコップを見ているという体験が同じだとはいえない。同じコップを見ているともいえない。ただこのような事態を私と他者がともに「同じコップを見ていること」として理解している、そのことだけは確かである。

この一つのコップをめぐって私の持続と他者の持続の対応がみられる。体験の内容は問われない。形式だけがある。私と他者は目の前にいる具体的な相手（相在 So-sein）だけではなく、その相手が同じ人間としてそこに居合わせているという事態（現存在 Da-sein）にまなざしを向けあっている。この純粋な〈われわれ関係〉があらゆる社会関係に先立って与えられているということ、これが社会的世界を解明する出発点となる。純粋な〈われわれ関係〉は光源となってこの社会的世界をすみずみまで照らしだし、陰翳に富む多様な影を映しだす。じっさいにわれわれが体験する〈われわれ関係〉はけっして空虚な形式ではなく、その時々の独特な私、独特な他者が織りなす独特な現実化と具体化の様相に常に満たされている。そして〈われわれ関係〉という具体的な直接世界の対面的状況から同時世界の匿名的状況にいたるまで、さまざまに重層化された社会的世界がわれわれをとりまいている。シュッツの社会的世界の存在論とは、この多様な社会的諸関係の基本構造の記述にほかならない。

そして社会的世界の記述が単なる〈われわれ関係〉ではなく、純粋な〈われわれ関係〉から始められているということ、これがきわめて重要な意味をもつ。シュッツは確かに〈私〉の意識の流れの分析をその論述の基礎においている。その意味では徹底した主観主義の立場を採っている。しかし一方では、他者の問題は何よりもわれわれが生きているこの日常生活世界のレベルでこそ明らかにしうるのだという確信の下に、積極的に日常生活世界そのものを主題化し、〈われわれ関係〉を基礎にした記述を行なっている。シュッツは次のようにいう。

われわれという基礎的関係は、私が社会的直接世界のなかに生みこまれていることによって、あらかじめ私に与えられているのであり、この関係からわれわれのうちに含まれている汝についてのあらゆる経験、またわれわれの同時世界の一部としての私の直接世界についてのあらゆる経験が、はじめてその本来の権限を手にするのである（Schütz［1932:230＝1982:227］）。

つまり私と他者が先に在るのではなく、あくまで〈われわれ関係〉が先に在る。いいかえれば、私も他者ももともとそのうちに〈われわれ〉を含んでいるということである。私とはすでに〈われわれ関係〉を生きている、そのような存在としてのみ捉えうるものなのである。純粋な〈われわれ関係〉は、私のうちにすでに〈われわれ〉が含まれているというこの事態を表すために、シュッツにとってはどうしても必要な概念だったといえる。

すでに述べたように、私によって「思念される意味」は私の持続経過において構成されるがゆえに他者によってはけっして近づきえないものである。では「私のことは私が一番よく知っている」

という言明は正しいであろうか。確かに、無限の過去から無限の未来へ流れ去る私の体験の流れは、あらゆる注意変様を含みつつ常にその全体を私に向かって開いている。私はいつでも、どこからでも、その流れにまなざしを向けることができる。しかし〈われわれ関係〉において私に絶対的な現実として与えられている他者の持続は、私と他者が共存しているその時だけ、非連続的な断片として与えられているにすぎない。けっしてその全体が与えられることはない。これは私が他者に対してもつ絶対的な特権である。この意味で「私のことは私が一番よく知っている」という言明は正しい。しかしそれは常に正しいわけではない。なぜなら、私は私自身の体験を経過し生成してしまった過去の体験としてしかまなざしの中に捉えることができない。しかし〈われわれ関係〉における他者は私の体験がまさに生成するその過程を、その溢れるばかりの充実性において眺めることができる。しかもその体験は、過ぎ去ったあとで私自身によってけっして注目されることのない体験かもしれない。したがってこの一瞬一瞬において、「今を生きる」ということにおいて、「他者は私自身よりも私のことをよく知っている」かもしれないのだ。これは他者が私に対してもつ絶対的な特権である。

私と他者はこうして特権を与えあうこと（あるいは弱みを握りあうこと）によって、相互に基礎づけあい、一つの、われわれの経過を体験する。「私が社会的直接世界のなかに生みこまれていることによって、われわれという基礎的な関係が私にあらかじめ与えられている」ということの含意はここにある。私と他者は、お互いを全身的に体験するこの生き生きした現在にすでに搦めとられている。そのことが何よりも純粋な〈われわれ関係〉の先所与性を表している。だからこそ、この純粋な〈われわれ関係〉が社会的世界のあらゆる層にわたるあらゆる関係性に対して、特権的な位置を占めうるのである。

5　他者を理解するということ

純粋な〈われわれ関係〉は「他者を理解する」ことの前提である。この前提のうえに、われわれの日常生活における具体的な〈われわれ関係〉では、「他者を理解する」という事態がどのように把握されるのだろうか。具体的な事例を挙げて簡単に概観してみよう。まず次のような情景を思い浮かべてみる。

> 部屋に、女と男がテーブルをはさんで向かい合っている。黒い四角いテーブルの上には、白い灰皿、灰皿の中には数本の吸殻、水のはいったガラスのコップ。二人はしゃべらない。沈黙が続く。何度も目を見交わす。そのたびに男が先に目を逸らす。再び沈黙。男は、いきなり立ち上がる。コップが倒れ、水がこぼれる。女は驚いて男の顔を見る。男は何か言いかけたが、やめる。瞬間の沈黙。突然、「それじゃあ、また」と言って、男は静かにドアを開け、出ていく。

この場面で、女である私に定位して、男である彼をどのように「理解」しているのか、考えてみよう。私は彼のさまざまな身体の動きをつぶさに見ている。しかし私は彼のそうした身体の動きを単に物体の運動を見るように――つまりコップが倒れ、水がテーブルの上を流れ、こぼれ落ち、絨毯を濡らすのを目で追いかけるように――見ているわけではない。すでに明らかにしたように、彼の身体には彼自身の持続経過がまとわりついている。そしてそれは私に向かって開かれている。彼はいつでもこの持続に眼差しを向け、それを自らの体験とすることができる。そういうものとして、その身体の動き、表情、ことばが彼にも私にも与えられている。それは彼が意味を結びつけることのできる体験のしるしである。私が見ているのは、直接目に触れる身体ではなく、彼の体験そのものである。したがってどのような外的な出来事が起きているのかを問うこと、たとえば「彼は立ち上がって何か言って出て行った」と理解することは、他者理解ではない。それは一目瞭然、見ればわかることである。なぜ、彼はあのような視線を私に投げかけたのか、なぜ先に目を逸らしたのか、そのとき彼は何を考えていたのか、「それじゃあ、また」ということばは何を意味しているのか……このように問うこと、つまり彼が彼自身の体験をどのような意味連関に組み入れているのかを問うことが、私が彼を理解するということなのである(6)。

そしてそれをどうやって問うのかといえば、私を彼の立場に置き、私がこのような言動をとるとしたらそれはなぜなのかを問い、さまざまに思いを巡らす以外に方法はない。つまり他者理解はすべて理解する者の自己解釈の作用——私が私の体験を意味連関に組み入れるその仕方——に基礎づけられているのである。「私が他者の体験に意味を付与する」とはこのことである。したがって、そのようにして私が理解したものと、彼自身がそのとき、あるいは部屋からでていったあとにこの同じ出来事を思い浮かべ、自分の体験だと理解したものは、あくまでまったく別のものである。ただ私はそのように理解した、というだけで十分なのである。それ以上でもそれ以下でもない。われわれはじっさいに日常生活の中で、そうやって他の人々を理解しながら生きているのである。

しかし理解の質には、私と他者がどのような関係にあるのかによってさまざまな段階がある。私と彼が恋人関係なのか、友人関係なのか、職場の同僚なのか、あるいは初対面なのかによって、私の目にはいる外的出来事の経過はまったく同じでも、その出来事についての私の理解は明らかに異なるだろう。親密な関係性にあれば、共通の過去の歴史があり、他の人々が知りえない多くのことをお互いにあらかじめ知っていることになる。この豊富な知識によって、私は彼が自分自身の体験をどのような意味連関に組み入れているのかを、より深くより複雑に問いかけることができる。だからこそ「それじゃあ、また」ということばが字義通りの意味ではなく、たとえば「もう、これっきり」だということが私にははっきりと理解できるのである。

このような他者理解のメカニズムは、〈われわれ関係〉、つまり私と他者が対面的状況にあるときにのみ働くわけではもちろんない。他者は汝としての他者ばかりではなく、歴史の中の他者から未来世界の他者、かつて〈われわれ関係〉にありまたいつでも〈われわれ関係〉にはいりうる他者、同時代に生きながらただの一度も目を見交わすことなく終わる無数の匿名的他者にいたるまでさまざまである。どのような他者にも、私は理解のまなざしを向けることができる。たとえば、われわれの世界には他者がつくりだしたものが溢れている。私はそうしたものが作りだされたときの他者の意識経過を遡って問うことができる。これも他者理解の一つである。一冊の本、一枚の絵画、一個の彫刻、あるいは看板に書かれた文字、脱ぎ捨てられた衣服……他者の行為によって引き起こされたそうしたものは、まぎれもなく他者の意識経過の証しである。その背後には、私と同じ人間が存在している。だから私はそれを準「同時性」において理解することができる。

私は彼のちょっとしたしぐさ、表情、ことばを、その〈われわれ関係〉において同時に体験し、次々に彼を理解する。さらに、彼の出ていったあとの部屋で、たった今起きたばかりの出来事に一人あれこれと思いを巡らし、そうすることによってまた彼を理解する。そして、この部屋の、テーブルの上の灰皿に残された吸殻を見て、その吸殻によって、また彼をまざまざと理解することできるのである。

このように、他者理解のメカニズムは、私の「今、ここ」を中心に時間（過去の世界、現在の同時世界、未来世界）と空間（直接世界、同時世界、匿名的世界）の拡がりのさまざまな濃淡に応じて作動する。そして恋愛関係のような親密な関係なのか、職場の同僚なのか、名前もわからない匿名的な他者なのか、あるいは歴史上の人物なのか、によって理解の質もまたさまざまに異なる。ではここでシュッツの枠組みにしたがって、恋愛関係と友人・知人関係がどのように異なるのか、簡単に記述してみよう。

恋愛関係も知人・友人関係も、継続的な社会関係という点では同じである。コンサート会場でたまたま隣に座った人とか、道で落としたものを拾ってもらった行きずりの人との一過性の関係とは違う。継続的な社会関係は、直接世界における〈われわれ関係〉が非連続的に繰り返されるという特徴をもつ。〈われわれ関係〉の中で過ごす時間は限られている。数時間か、二、三日か、とにかく一定の時間が過ぎ去ると、相手の生身の姿は私の視界から消え、同時世界へと遠ざかっていく。〈われわれ関係〉は永久には続かない。必ず中断される。しかしそれはあくまで中断であって、（親密な関係であれば）いつでも好きなときに、あるいは（知人・友人関係であれば）必要なときに、再びその〈われわれ関係〉を回復できることを私は予期している。そして相手もまた私と同じ予期をもっている、ということを私は予期している。われわれはこうした予期の中で、同時世界における社会関係を成立させている。

私はまず、かつて〈われわれ関係〉において経験した直接世界的な社会関係を再生的に追体験することによって、同時世界でもある人との社会関係を結ぶことができる。さらに私は、同時世界における私の言動、判断、感情などが、ある人の現存在や相在に方向づけられているということによってもまた、その人と同時世界的な社会関係にあるといえる。たとえまのあたりにその生身の姿を見ていなくても、その人がこの世界のどこかに存在し同時に生きているということを疑いはしない。その人にメールを書いたり、テレビのワンシーンを見ながら「こういうときあの人だったらどうするだろうか」と自問したり、あるいはその人のために何かをしたりすること、そうしたことは確かにその人に向けられている。そればかりではなく、そうしたことはすべてその人の予期される言動、判断、感情なども射程に入れている。メールを書いているときには、このメールに対するその人の反応や解釈を常に予期しながら書いている。それは未来のその人に向けられている。私は（そして相手も）、同時世界の中で、二人の言動、判断、感情などが相互に関係づけられているということを予期しているのである。しかしこの予期自体はあくまで一方的なものである。そしてそれは予期である以上外れる可能性が常にあり、外れたかどうかも後になって、きわめて限られた仕方で明らかにされるだけだ。同時世界的な社会関係は単に、想像の中でのつかの間の関係にすぎない。

このように、継続的な社会関係は、直接世界的な社会関係の間にこうした特徴をもつ同時世界的な社会関係がさし挟まれるというかたちで営まれている。恋愛や結婚、友人や師弟関係、隣人関係、仕事上のつきあいなど、われわれが日常生活において知っている人と取り結ぶ関係は、ほとんど継続的な社会関係である。この中で恋愛関係は、第一に二人がそれぞれ同時世界をどのように過ごすか、またそこでの体験がどのように〈われわれ関係〉にもちこまれるか、第二に〈われわれ関係〉における二人の体験——特に「本質的に直接的な体験」——が同時世界における二人のそれぞれの体験（時間）に及ぼす影響という点において、他の継続的な社会関係とは異なる様相を呈する。

それは端的にいえば、〈われわれ関係〉と同時世界的な関係の「落差」の問題である。恋愛関係にある二人にとって、「逢えない時間」のもつ意味は大きい。私の直接世界には日々さまざまな人々が現れては消え、消えては現れる。そして消えている間は、たとえ継続的な社会関係にあり再び現れることがほぼ確実であっても、その人は単なる同時代に生きる人として背景に退いてしまう。もちろん私はいつでもその人との〈われわれ関係〉での体験を思い出すことはできるし、さまざまな形で同時世界的な社会関係を取り結ぶこともできる。しかしそれは他の人々と〈われわれ関係〉にある時や、一人でいる時の背景を彩るにすぎない。しかし恋愛関係にある場合はどうだろうか。時としてこの背景が背景にとどまらなくなる。二人はお互いがともに過ごした時間に思いを馳せ、四六時中相手のことについて思い、悩み、何かをして飽きることがない、といった事態も起こりうる。確かにお互いの身体は直接的に与えられていない。それにもかかわらず二人は相互に向き合っているかのように、あたかもともに時を経ているかのように感じる。これは明らかに錯覚である。二人はお互いに相手がこの同じ世界のどこかで同じ時をすごしていることを知ってはいる。だがこれは単に間接的にのみ知りうることであり、〈われわれ関係〉において体験する共存とはまったく違う。恋愛関係にある二人でも、生身の姿が視界から消え去った途端、お互いが同時代人になる。そこに居合わせるか居合わせないかは決定的な違いである。そこに居合わせない人は、「たとえその人がどんなに権力をもっていようとどんなに愛されていようと」（Luhmann［1982］）背景に退かざるをえないのである。

私はもはや今の彼を体験することはない。私の手許にあるのは、さっきまでともにそこに居合わせていた彼である。彼が私のこの直接世界から脱けだした瞬間から、彼はひとりで彼独自の年をとる。そのつどの「今、そのように」において、あらゆる注意変様をともなったさまざまな体験をし、新しい経験を次から次へと積み重ねていく。私はそのような彼について何も知ることができない。私にとって彼の時間は止まったままである。私には〈われわれ関係〉において直接私に与えられていた彼がすべてである。生き生きした現在をともに分かちあっていた彼について、私が思ったこと、感じたこと、判断したこと……それがすべてここに居合わせない今の彼にも当てはまると私は思っている。さっきまでいっしょにいた彼が、今はもうまったく別の彼になってしまっているなどとはとうてい信じがたい。しかし彼には、私にはけっして知ることのできない彼自身の時間が確実に流れている。私が逢えない時間の中で出会う彼は、今を生きている彼そのものではなく、〈われわれ関係〉で理解した彼をもとにして私が創りあげた、いわば彼〈のような〉人にすぎない。つまり同時世界において私は彼を類型的にしか把握できないのである。彼〈のような〉人は、もはや私の知っている彼でないばかりか人間でもない。それは持続をもたない人形＝ものであり、私の想像の時間の中で、みせかけの、いわば影のような生を営むだけである。

　私は彼〈のような〉人を疑いもなく彼自身だと思って、逢えない時間を生きてしまう。恋愛関係では、お互いがその逢えない時間を、〈のような〉人である相手と実に過剰に生きてしまうことが問題となる。いいかえれば、二人とも、同時世界的な社会関係を必要以上に生きすぎるのである。もちろん二人の間で〈われわれ関係〉が回復された途端、止まっていた時間は再び流れだし、〈のような〉人である相手は、唯一無二の今を生きる独特の相手になる。二人は、そうした相手を豊かに体験し、理解し、またお互いについてのさまざまな知識を蓄積していく。そしてまた逢えない時間がくる。私にとっての彼の時間の凍結と解凍、この繰り返しが滑らかに行なわれていれば何も問題はない。しかしそうした繰り返しの中で――あるいは初めから――類型的な相手＝彼〈のような〉人が、しだいにはっきりしたかたちをとって現れるようになり、直接世界における〈われわれ関係〉を浸食しはじめる。(7) つまり幻想が肥大化する。〈われわれ関係〉にあるとき、二人は類型的ではない相手を捉えようとする。しかしそこで、目の前の彼ではなく、彼〈のような〉人を見てしまう、という事態が頻繁に繰り返されれば、〈われわれ関係〉での修正がきかなくなる。そしていつかは、彼と、彼〈のような〉人との疎隔に気づき、関係が破綻することもある。

この疎隔は、すべての継続的な社会関係に必ず存在する。われわれはすべての他者理解の文脈において、相手を類型的に捉えるという操作を行なっているからである。親密な関係であっても、相手を類型化することは避けられない。しかし同時に、親密な関係（正確にいえば愛の関係）は、相手を部分的にではなくまるごと捉えようとする志向性に支配される。いかなる意味でも類型的ではない相手を捉えようとするのである。(8)

このことは、親密な関係性における「本質的に直接的な体験」の重要性を示している。つまり恋愛を恋愛たらしめているものは、この「本質的に直接的な体験」であるといえる。その体験の豊かな内容は、ただ体験されるだけでけっして理解の対象とはならない。そうした体験が存在したということだけが次々と記憶される。〈われわれ関係〉にあるとき、二人は「一つであっても二つであっても違いのない二つの流れ」があたかも一つであるかのようにその中に身を委ねる。そこでの体験は、躰や声の触れ合いだけではなく、談笑することも、音楽を聴くことも、見つめあうことも、すべてある特殊な「気分」の中で起こる「本質的に直接的な体験」だと考えられる。そしてそれは、そのつどの「今、そのように」においてのみ得られ、瞬時に消え去る。したがって回想の中でそれぞれが再生する体験は、もとの体験とはまったく似て非なるものである。それでも二人が同時世界の中でもっとも囚われるのはこの種の体験である。この場合、同時世界における幻想の自己増殖、つまり同時世界を「過剰に生きる」ことが問題となるのである。

それに対して、通常の社会関係の場合は、親密度が希薄になるにしたがって、〈われわれ関係〉においても、相手を部分的にのみ、つまり類型的にのみ捉える傾向が強くなる。したがって、「こんな人だとは思わなかった」とか「こんな一面もあったのか」とその疎隔に気づいたとしても、通常それはその関係性を〈われわれ関係〉において修正するためのきっかけとして活用される。だから、親密な関係性においても、もちろん「過剰に生きる」ことがそのまま問題となるわけではない。どんなに過剰に生きたとしても、それがすべて〈われわれ関係〉における「本質的に直接的な体験」へと吸収され、〈われわれ関係〉それ自体を浸食しないのであれば、何ら問題ではない(9)。

シュッツによれば、「今、そのように」を不断に生きるということが「生」の体験であり、それは親密な関係だけではなく、私のあらゆる社会関係の根底を貫き、私を私たらしめている。それはまさに私の現実《リアリティ》の核心である。そしてこの現実は、科学理論の射程に入ることはけっしてない。

シュッツが、科学を信奉し「より遠大な真の現実を希求する人」に対して、「遺憾ながら私にはそもそも現実とは何であるのかが正確にはわからない」（Schutz [1976:88]）と言ったのは、このためである。現実は一つではなく、しかもその核心には到達しえないのである。(10)

（1） こうした科学観は、「日常生活」に固有の論理——科学的合理性とはまったく相容れない常識的合理性——に注目し、人々の使っている方法そのものを主題化しようとするガーフィンケルらの試み、エスノメソドロジーの学的実践を生んだ（第二章参照）。

（2） メルロ＝ポンティにとって身体とは単なる生理学的な「客体としての身体」ではない。人間の存在は身体として在る。身体として世界に埋めこまれている。「生きられる世界への還帰」とはこの人間の世界への徹底的な内属・帰属を意味する。身体とは感覚や知覚などの志向作用の客体であると同時に、またそれら志向作用の主体でもありうる。その意味で身体は根本的に両義性を備えたものとして現れる。このようなメルロ＝ポンティの考え方は、社会学における主－客二元論の克服の試み、すなわち方法論的個人主義と方法論的集合主義という二項対立自体を無意味化していこうとする理論的な試みに基盤を与えた。それと同時に「身体としての人間」という視点は、これまで社会学の中で中心的な問題になりえなかったさまざまな事柄を社会学的な主題として浮かび上がらせることになった。たとえば、生活の中のさまざまな「道具」や「住居」空間と人間との関わり、「服装」など人間が身に纏うあらゆるもののもつ意味、「恋愛」という親密な関係性の分析、性的身体のあり方を問うジェンダー論など多くのものが挙げられる。

（3）　このようなシュッツのヴェーバー解釈にも、科学的な研究活動ははじめから共同作業でありそれ自体間主観的である、というフッサールの考え方の影響がみられる。

（4）　現象学的社会学の第一の基調である「自明性を疑う」という姿勢に、もっとも「現象学的」な側面が表れているといえる。したがって現象学的社会学とよばれるものは――少なくともシュッツの仕事は――伝統的社会学と対立した一つの陣営を成すようなものではない。シュッツは伝統的社会学がすでに行なってきたことの意味を現象学的な手法で改めて明るみにだしたのである。社会科学がこれまで「何をどのように」行なってきたのかを、社会科学者ひとりひとりがはっきりと認識することなしに社会科学のさらなる展開はありえない、とシュッツは考えていた。だからシュッツの仕事は、どのような対象領域を選び、どのような方法で研究を進めているかといったことには関係なく、すべての社会科学者にとって同じ重さで意味をもっている。シュッツの仕事は当初あまりに哲学的であるとして、社会学とは無関係とみなす人も多くいた。しかしそのような捉え方がいかに間違ったものであったかは、その後のシュッツの直接・間接の影響力の大きさからみても明らかである。シュッツにとって重要なことは、現象学的な態度（自らの依って立つ地盤を問うという姿勢）を常に保持しつつ、一方でその学問的実践的関心にもとづく科学的態度をとりつづけること、この両方の態度の間で往復運動を繰り返すことであった。それはすべての社会科学者に要請されるものである。ここには、〈二つのレベル〉に常に引き裂かれていたシュッツの学自体の限界が端的に示されている。その後の展開では、この〈二つのレベル〉を何とか一つにしようとする志向性が支配的になっていく。本書では、そうした試みの一つとして三章以下でルーマンの仕事を取り上げることになる。

（5）　自然的態度のうちに生きる私はもともとすでに他者とともに在る私、つまり〈われわれ関係〉を生きる私であって、そこから〈私〉だけをとりだすことはできないはずである。しかし、〈われわれ〉関係の成立を説き明かすために、現象学的手法およびその成果を駆使し、まず〈私〉について予備的考察を行なうことが不可欠である、とシュッツは考えていた。

（6）　〈われわれ関係〉における他者理解は、理解社会学における主観的立場に基づいている。しかしそれは意識内在的な「内観」を意味しているわけではない。意識内在の領域が成立不可能であることは、ウィトゲンシュタインの「感覚日記」の議論に鮮やかに示されている。われわれは日常生活において他者のふるまい、表情などを単なる物理的現象としてではなく、それらを総合して一つの行為として見る。このとき働いている視点を主観的とよぶのである（第五章の1を参照）。たとえばある人が「隣の家の門扉を開け、玄関の前に歩いていき、ドアのベルを鳴らす」という情景を見たとき、それを「訪問」という一つの行為として理解する。さらにそれを単独の行為としてではなく、たとえば「最寄りの駅から門扉までの道のりを歩く」という行為と「隣の家の人がドアを開け、その人を中に招き入れる」という行為の間に挟まれた行為として、またさらに広い文脈（一日の出来事、人生など）にも位置づけうる一つの行為として理解する。そのような外から観察することのできる出来事の文脈全体を常に考慮に入れているからこそ、自分自身をその文脈の中に投げ入れることによってそのとき自分の身に起こるであろうさまざまなことを類推し、理解することができるのであり、それが行為を行為として理解することなのである。われわれが映画や小説等を理解することができるのも、この主観的視点によって、映画や小説の中の人物の置かれている文脈に自らを置いてみることができるからにほかならない。それは「登場人物たちの体験や行為を体験や行為として位置づけうるような出来事の脈絡がそこに描き込まれている」からであり、「われわれはこうした脈絡の内に我が身を置くことにより登場人物の体験や行為を我が身において類推する」（山田［1985:42-3］）ことができるからなのである。われわれはつまらない映画や小説に対して「ウソっぽい」とか「あんなことありえない」といった言葉を浴びせることがある。しかしそれは実際にそこに描かれていることが、ウソっぽくありえないからおもしろくなかったのだ、といいたいわけではない。事実、ほとんど奇想天外で、ありうるはずもないSFやファンタジーが「おもしろい」ことはいくらでもある。そうではなくて、想像の世界にまでわれわれが拡げていく理解（類推）のメカニズムが、十分納得のいく文脈（コンテクスト）全体に支えられていないとき、その理解が失敗し、そうした感想を生むことになるのである。だからいわゆる「ディテイル detail を書きこむ」ことがうまくできているかどうかが、つまりコンテクスト全体がうまく描きこまれているかどうかが、映画や小説の成否に大きく影響を及ぼすのである。われわれはこうして映画や小説の中で何が行なわれているかを理解する。映画や小説の内的文脈に自らを投げ入れることによって、通常われわれが対面的状況において行なっている他者理解のメカニズムを拡大するのである。しかし、他者理解のメカニズムはもう一つの水準にも拡大する。つまりすでに述べたように、他者理解のメカニズムは、他者の身体近くをめぐって見られる現在の直接的な体験や行為だけでなく、過去や未来の他者、遠く離れた他者、そしてそうした他者たちによって引き起こされたさまざまな「もの」にまで拡大、波及していく。たとえば、われわれは小説を読むとき、それを書いた作者の意図やその作者の書いた他の作品との関係などに思いをめぐらせることなく読み進むことは不可能に近い。これは送り手である人間をその作品の背後に常に想定しているためである。また映画では、演技的要素だけではなく剰余性格描写（俳優がその演技の中でやらなければならないことの以前、または以外にスクリーンに持ちこむ性格要素）が重要な役割を果たすことになる。剰余性格描写とは、

「その俳優がかつて演じた役割、その俳優の私生活について知っているいると思っている）こと、その他その人物ではなくその俳優に関する故意または偶然の観客とのコミュニケーションの複合物である」（Whitaker［1970＝1983］）。このことは、映画においてなぜ特に俳優の個性やスター性が大事にされるのか、あるいは「キャスティングの妙」ということがことさらにいわれるのか、を実に見事に説明する。主役級のスターは、それまで演じてきた役柄のイメージを纏って（あるいは一掃して）スクリーンに登場し、ストーリーや演技に関係なく観客に何らかの印象を与えずにはおかない。また私生活での人となりや人間関係などその俳優にまつわるさまざまな知識が心に思い浮かぶことなく、映画の人物だけに集中することは困難である。それらが映画そのものの理解の一部を形づくるのである。このようにある作品が社会的文脈の中でどのような位置にあるかということが、その作品の理解に不可分なものとして不断に入りこんでくる。後者を外的文脈理解、それに対して前者を内的文脈理解とよぶ。映画や小説など、人間の手になるあらゆる作品の理解には、この二つの水準の理解の様式が絡まりあって機能している（吉澤［1987］）。

（7） 類型化（typification）は、関連性（relivance）の概念とともに、シュッツの社会的世界の記述の中心的テーマである。〈われわれ関係〉を流れる時間の凍結と解凍の問題を、シュッツは「帰還者（The homecomer）」（Schutz［1976:106-119］）という小論の中で、類型化の及ぼす影響という観点から詳しく論じている。シュッツは故郷という場所（home）から切り離され、ある一定期間戦場で過ごした兵士が、帰還者として失われた（凍結した）〈われわれ関係〉を再びとりもどす（解凍する）ことに伴う困難について述べている。戦場にいる人にとっては、そこで起こった出来事はどんなことでも彼にとって唯一の経験であり、類型化を許す余地のないものである。しかし故郷で時を過ごしている人々にとっては、彼を「かつての彼」とは別人のようにしてしまった数々の経験をその唯一性において理解することは大変困難である。故郷の人々にとっては大いなる勇気の表象と感じられるものが、戦場の兵士にとってはただの義務遂行や生存競争の結果にすぎなかったり、また逆に、真の忍耐と犠牲のヒロイズムを示す数多くの出来事が、故郷の人々によってはまったく気づかれず理解されないままに残るということが起こりうる。不在だった人（帰還者）がその戦場での経験に帰する唯一性や決定的重要性と、故郷の人々によってなされるその経験の類型化との間の断絶は、失われた〈われわれ関係〉をともに再構成していこうとする場合もっとも大きな障害のひとつとなる。

（8）　この試みは究極的には挫折する。愛の関係については、ルーマン理論を援用し第六章で改めて主題化する。

（9）　シュッツは私の「今、ここ」を中心に、同心円的・段階的に親密性の度合いが希薄になっていくと考えた。多元的現実論において、「至高の現実」という言葉で日常生活にある種の特権的位置を与えたように、〈われわれ関係〉が成立する対面的状況を、さまざまな社会関係の基盤を成すものと考え、それにやはり特権的な位置を与えている。しかし現代社会では、メディアの発達により、親密性の濃淡と空間的な距離が単純に対応せず、複雑に入り組んだ様相を呈するようになっている。〈われわれ関係〉は必ずしも対面的状況に限定されない。たとえば電話で話している二人には、お互いの生身の姿が全身的に与えられているわけではないが、部分的には与えられていると考えられる。つまり声は身体の一部、「互いに声を交わすとは互いに触れ合うこと」なのである（大森[1981]）。したがって、そこには〈われわれ関係〉が成立していると考えてさしつかえない。手紙というメディアも、書いているときと読んでいるときのタイムラグはあっても、そこに擬似的な〈われわれ関係〉が成立していると考えられる。携帯電話やポケベル、Eメールやインターネットのチャットなど、タイムラグがより少ない、ほぼ同時的・直接的なコミュニケーション・ツールによって、日常生活はさまざまな種類の〈われわれ関係〉が複雑に入り組んだかたちで営まれているといえるだろう。

(10) 現実（リアリティ）の核心には到達しえないという事実の認識が、シュッツのペシミスティックな科学観・学問観に繋がっていることはすでに述べた。ルーマンは、〈できごと〉Ereignis いう概念によって、生成し生成した途端に消え去る現実の核心がやはり認識から逃れ去っていくものであることを示した。しかしルーマンの場合は、〈できごと〉は認識それ自体から切り離されてはいない。三章以下で明らかにするように、ルーマンの理論では、シュッツの理論に残存する事実と認識の二元論（つまり〈二つのレベル〉の問題）は払拭されている。したがって、ルーマンはシュッツよりも、さらに徹底して世界の儚さを捉えているといえるだろう。

第二章　転換点としてのシュッツ

1　隠されていた問題

A・シュッツが出現するまで、社会学者にとって、「私と他者たちがそこに居合わせともに生活している」という事実は、端的な所与であり、問題にはなりえなかった。それは哲学上でいういわゆる間主観性（相互主観性）問題である。他者とは何か、私は他者をどのように認識し他者といかにしてコミュニケーションを行なっているのか、が問われるべき問題である。しかし、人間が他者の存在を自明として自然的態度のうちに相互行為を営んでいることは、社会学者にとっては当然のことであり、社会理論はそれを出発点にして展開されてきたのである。

シュッツは何よりもまずこの自明の出発点こそ、問われるべき問題だと考えた。シュッツは、ヴェーバー社会学の方法を徹底的に吟味、純化させるという動機の下に、これまで社会学者たちが信じて疑うことのなかったその依って立つ地盤である間主観的世界そのもの――専門分野で用いられる術語や方法論的装置が生じてくる地盤としての生活世界あるいは社会的世界――を問うというところまで遡らざるをえなかった。しかしシュッツは、間主観性問題をフッサールのように超越論的に問うことはしなかった。[1] シュッツは間主観的世界が行為者にとっても社会学者にとっても、所与であることを一応前提とする立場をとったうえで改めて、自然的態度の内でこの世界をわれわれがいったいどのように経験しているのか、社会的経験とは何か、その基本構造はいかなるものなのかを問い、それを「社会的世界の存在論」というかたちで精細に記述していった。[2] シュッツが超越論的な問いを停止したことは、後に述べるように、彼の学的営為に大きな矛盾をもたらした。しかし同時にそのことは、シュッツ以後の社会理論の展開に対して、大きく二つの方向性を定めたという意味で、社会学における一つの転換を形成したのである。

シュッツは社会学においてこの「隠されていた問題」をはじめて「問題」として主題化する道を開き、「自然的態度の構成的現象学」という独自の学を展開した。本章では、このシュッツの独自の学について、主としてフッサール哲学との関係に照準し、その意義を明らかにしていく。まず、シュッツの学自体が孕む問題性を、〈超越論的レベル〉と〈内世界的レベル〉の断層として呈示する。次に、間主観性をめぐるフッサールとシュッツの立場の相違点に注目しつつ、フッサール現象学における「主観＝自我」の意味、および「デカルト主義の徹底的遂行」いう方法の意義を明らかにする。通常、フッサール現象学は独我論であるといわれる。私（主観性）からわれわれ（間主観性）には到達できない、間主観性の根拠（ゼロ点）を主観にもとめることはできない、という了解は今や一般的なものである。確かに、私とわれわれ、主観性と間主観性を別々に立て、一方から他方へいかに到達しうるかという問題を措定する限り、それは正しい。しかしここでは、フッサールの最晩年の草稿を射程に入れながら、彼の学的営為が、〈私〉＝超越論的主観の立場に徹底的に内属することによって、私とわれわれ、主観性と間主観性を単純に対立するものとして描くのではなく、むしろそうした対立自体が意味をなさない世界を開示しようとする試みである、という一つの解釈を示したい。そして、シュッツの試みが、この「主観主義の徹底」ともいうべき方法をフッサールから継承することによって、社会学における主－客図式克服への端著になったことを明らかにする。

2　自然的態度の構成的現象学――フッサールとシュッツ

シュッツは自らの学的営為を「自然的態度の構成的現象学」と称した。それは、社会科学の「基礎づけ」を企図した一種の本質学ともいえるものである。その特徴は次の三点にまとめられる。第一に、フッサール現象学の厳密な構成的分析の諸成果を直接的に応用していくという姿勢にある。

第二に、シュッツ——この学を行なう研究者——自身が現象学的な分析を遂行するということが含まれる。第三に、「基礎づけ」の作業として、社会的世界の本質的でアプリオリな構造を解明する存在論——精細な記述——の展開がもっとも中心的で重要なものとみなされている。第一と第二の特徴は、シュッツの学における〈超越論的レベル〉に対応している。それは超越論的主体に焦点をあわせ、その内的時間意識の流れの本質構造の解明を自ら行なうこと、また間接的呈示の理論や前述定的経験の分析など社会科学の基礎づけに応用可能だとみなされた現象学的分析それ自体が含まれる。それに対し、第三の特徴が〈内世界的レベル〉に対応している。そこには他者存在を自明とし相互行為を行ないながら自然的態度のうちに生きる実践的主体を対象とする記述が含まれる。量的にもシュッツの仕事の大部分はこうした記述にあてられている。

まずシュッツの生前に刊行された唯一の著作である『社会的世界の意味構成』(Schütz [1932＝1982]) の構成と内容を簡単に辿ってみよう。

シュッツはこの著作でM・ヴェーバーの理解社会学の方法をより完璧に定式化しようという意図をもって、彼の基本概念の曖昧さを例証し、そのひとつひとつを明確に再定義しようと試みている。シュッツにとって、このヴェーバーの基本概念の明確化という仕事は理解社会学のすべての営みの始まりにおかれる「基礎づけ」の意味をもつものであった。第一章では、まず予備的考察としてそのような基本概念——「意味ある行為」、「動機的理解」、「主観的意味」と「客観的意味」、「行為に付与された意味」など——の批判的紹介がなされている。そしてこの第一章の末尾に注釈として付加されている文章の中にはじめて「自然的態度の構成的現象学」という言葉が現れる。シュッツはここで自らの研究の哲学的側面をはっきりさせるために、まず内的時間意識の現象について明確な理解を得るという目的に必要な限りにおいてのみ現象学的還元内での分析が行なわれること、その分析の成果は自然的態度の領域内でも通用すること、また「現象学的心理学者」としては社会の不変で唯一のアプリオリな構造の分析が求められていること、を明示する。そして次のように述べる。

現象学的還元がなされたあとではじめて明らかになる超越論的主観性および間主観性の問題はさておいて、私たちは「自然的態度の構成的現象学」としてあの「現象学的心理学」を押し進める。それはフッサールによれば最終的に純粋な間主観性の心理学でありそれ以外の何ものでもない（Schütz［1932:56］）。

こうしてシュッツは第二章で閉じられた超越論的主体としての私から出発しその意識の内の意味形成の過程を分析する。それはこの著作の展開にとって必要かつ不可欠な部分である。シュッツにとって「行為」や「意味」という概念はそもそも私の「反省」という作用からすべて発生するものだからである。第三章では他者も第二章で展開された私の意識の構造と同じものをもつであろうという前提の下に他者理解の過程を克明に追い、第四章ではこの他者との関係をめぐって私を中心に重層化されている社会的世界の構造の記述へと移っていく。シュッツは「反省」の作用による自己解釈の理論を基礎に他者理解のメカニズムを分析し、「理解」の概念が対面的状況から匿名的世界にいたるまで、私と他者のおかれる時間的空間的世界の変化にしたがって異なることを明らかにした。こうすることによって、シュッツは理解社会学の「理解」がどのようなものであるかをはっきりさせようとしたのである。そして第五章では前章までの叙述を踏まえて理解社会学の方法の再吟味を行ない、さらなる問題点を挙げている。

このように、シュッツは『社会的世界の意味構成』においてすでに、「自然的態度の構成的現象学」を社会科学の基礎づけの学として立て、その中心的課題を実践的主体を対象とする存在論に定めている。シュッツはフッサールの業績に依拠しながら、自ら厳密な現象学的態度をとることをはっきり意識し、第二章においてそれを実践している。それは、第三章、第四章の展開のために最低限必要な前提なのである。シュッツの「基礎づけ」の意図が理解社会学の基本概念の明確化にある以上、それらの諸概念が発生してくるそもそもの地盤、つまり私の意識の流れにまで遡って考察することがどうしても必要だったわけである。しかしシュッツはそこにあまり深入りせず、自らの学の中心を〈内世界的レベル〉に定める。「自然的態度の」ということばは、超越論的主体よりこの世界に素朴に生きている実践的主体に焦点をあわせるという意味で使われている。

シュッツは「自然的態度の構成的現象学」ということばをフッサールの著作の中から採っているが、両者の使い方には違いがある。シュッツが引用するのは『イデーンへのあとがき』であるが、そこには次のように述べられている。「純粋な内観心理学、つまり志向性の真の心理学（それはもちろん最終的には純粋な間主観性の心理学であるが）は全く自然的態度の構成的現象学であることがわかる」（Husserl ［1971:158］）。「正しく遂行された現象学的心理学と超越論的現象学との間にはひとつの注意すべき貫通的な平行関係がある」（Husserl ［1971:146］）。

フッサールは当初から事実学を基礎づける本質学の構想をいだいていた。そして構成的現象学から発生的現象学への展開をみせる後期においては、実証的心理学との批判的対決を通して現象学的心理学をうちたてようとしたが、これは超越論的哲学へと完成されるべきものであった。ここでフッサールのいう「自然的態度の構成的現象学」とは心理学を真に基礎づける現象学的心理学（純粋心理学）として提起されたものにほかならない。フッサールはシュッツの〈内世界的レベル〉に関しては、それが別の独自な学の主題となりうる可能性を示唆するにとどまっている。フッサールの関心はあくまで精神の学としての超越論的哲学の完成にあった。フッサールが「心理学から現象学的な超越論的哲学への道」を模索したのも、別の独自な学の主題、つまり「生活世界の存在論」を提起したのも、彼の最晩年の著作『ヨーロッパ諸学の危機と超越論的現象学』（Husserl ［1962＝1974］）の中でである。(3)

「生活世界の存在論」についてフッサールは次のように述べている。

> 世界とは、空間時間性という世界形式において二重の意味でその〝位置を〟（空間的位置、時間的位置にしたがって）定められている諸事物、つまり空間時間的〝存在者〟の総体である。ゆえ

> にここにこれらの存在者の具体的に普遍的な本質学という意味での、一つの生活世界的存在論の課題があるといってよいだろう（Husserl［1962:145］）。

> しかしこれらすべての中にはひとつの確固とした型が支配している。それはすでに述べたように方法的には純粋なアプリオリとして包括されうる本質的な型である。…（中略）…これらの本質的な型はもともとあらゆる超越論的関心なしに、ゆえに〝自然的態度〟（超越論的哲学のことばでいえばエポケー以前の素朴な態度）において、ある独自な学――つまり純粋に経験世界としての生活世界の存在論の主題となりえたであろう（Husserl［1962:176］）。

フッサールはこのように、超越論的哲学とは別に「生活世界の存在論」という学が成立可能であること、そしてもしそのような学があったならその主題は生活世界に固有な本質的型であることを示唆している。シュッツはこれをうけてフッサールが提起したにとどまった「生活世界の存在論」を自己の学的営為の中心におき、それを社会的世界における類型論として展開したのである。[4]

このように、同じ「自然的態度の」といっても、フッサールとシュッツとでは、「自然的態度についての」と「自然的態度での」というほどの意味の違いがある。それは、フッサールが最後まで超越論的な問いを貫き通したのに対して、シュッツの学的営為が常に〈超越論的レベル〉と〈内世界的レベル〉の間に引き裂かれていた、ということを意味している。[5][6] シュッツの仕事にたえずつきまとっている二つのレベルの曖昧さが、いいかえればフッサール現象学に対するシュッツの矛盾した態度が、「自然的態度の構成的現象学」という彼の学を一貫性のないものにしている。シュッツにおいて〈超越論的レベル〉と〈内世界的レベル〉は相互に排他的である。しかしこの二つのレベルの関係を吟味していくと、シュッツ自身の厳密な区別にもかかわらず、こうした区別が明確に行なわれうるのか、またこの区別自体いったいどのような意味をもつのか（あるいはまったく意味をもたないのか）という疑問にぶつかる。次にこの二つのレベルの関係を、シュッツのフッサール解釈を跡づけることによって、さらに詳細に明らかにしよう。

3　〈内世界的レベル〉への内属

シュッツもフッサールと同様、その生涯にわたって間主観性の問題に特に大きな関心を寄せていた(7)。しかしシュッツは、フッサールのように最後まで徹底して超越論的態度を貫くことなく、途中でそれを放棄し、いわゆる超越論的現象学と訣別することになった。その一つの理由は、シュッツが現象学は間主観性の問題を解決していないと考えていたからである。

シュッツはフッサールの間主観性論を主に『デカルト的省察』に沿ってかなり詳しく検討している。その批判点をひとことで要約するなら、間主観性の問題を超越論的領域内で解決しようとする問題の立て方自体がそもそもおかしい、間主観性は生活世界の所与性としてあくまで内世界的領域で考察されうる問題である、ということになる。シュッツは次のようにいう。「超越論的領域自体においては、つまり自然的態度に還るということなしには、複数の超越論的諸主体間のコミュニケーション、したがってコミュニケーションによる間主観性の樹立は不可能である。なぜなら、あらゆるコミュニケーションは自然的世界における出来事を必要としており、間主観性つまりわれわれ関係を前提としているからである」(Schütz [1971:111])。シュッツは「超越論的間主観性の成立」という事態そのものを認めない。それはなぜか。

フッサールの超越論的現象学の試みは、世界の実在を確信させるものをひとまず括弧に入れ、超越論的自我自身にとって存在するあらゆる対象がその構成作用によっていかに立ち現れるかを問うものである。いっさいの存在を超越論的自我の構成作用に還元してしまうというフッサールのラディカリズムにおいては、実在的な世界はただ超越論的な世界との関係においてのみ意味をもっているにすぎない。超越論的自我が構成(Konstitution)しないものは、超越論的自我にとっていかなる意味でも存在しないものである。超越論的現象学はその出発点に超越論的自我をすべての世界を包括するものとして想定しているといえる。したがって、超越論的現象学=超越論的独我論という一般的な判断は、その限りで正当である。シュッツもこうした立場にたって、「超越論的間主観性の問題を超越論的自我の構成作用から説明するというフッサールの試みは成功しなかった」(Schütz [1971:116])と結論づけている。

「超越論的自我の生活において、われわれ共同体が超越論的なものとして論証されることによってのみ、現象学という超越論的観念論がその独我論という外観から救われうるのである」とシュッツはいう（Schütz［1971:117］）。つまり、複数の超越論的自我の共存が超越論的自我の内部で構成されるなら、超越論的独我論の問題は解消されると考えたのである。しかしシュッツは当然のことながら、複数の超越論的自我の共存ということ自体が無意味であるとして、超越論的間主観性の不可能性を説く。「複数の超越論的自我について語ることが可能なのか、それが意味あることなのか。超越論的自我の概念は単数形でのみ考えられうるものではないのか」（Schütz［1971:111–2］）。「孤独な哲学者は…（中略）…実際の共同体において他者とともにいかにしてエポケーを遂行しうるのか。つまり〝共に哲学する〟ことがいかにして可能なのか」（Schütz［1971:114］）。シュッツには「超越論的間主観性」という事態そのものが現象学とは相容れないものであった。

　シュッツが超越論的間主観性という事態に想い到ることができなかった最大の理由は、彼が超越論的世界と自然的世界を、二元的に、まったく別個のものと捉えていたことにある。それはこれまで引用した文章からも十分に読みとることができる。「エポケー」という方法的操作はそれを遂行する個々の研究者のがわで行なわれることであって、それによって世界の内容が消去されてしまうわけではない。シュッツは「エポケー」によって世界の内容が消去されてしまうと考えていたわけではない。しかし、それによって自然的世界とは何か別に超越論的世界が現れると思っていたようである。

　しかしフッサールによれば、超越論的世界は同時に自然的世界であり[8]、超越論的自我は同時に自然的世界における実践的主体である。シュッツはしかし、「エポケー」を遂行する研究者はまったくの「哲学的孤独」のうちにあると考える。超越論的自我が、他の超越論的自我と共存すること、「他者とともにエポケーすること」などありえない。それは「単数形でのみ」考えることのできる概念なのである。したがって超越論的自我と超越論的間主観性とは両立しえない。つまり、私と他者たちに関する一切のものは自然的世界においてのみ意味をもちうることになる。シュッツにとっては、自然的世界のうちにすでに含まれている「他者とともに在ること」が、超越論的世界においても確保されるのでなければ、現象学を社会科学の基礎づけの学として利用することの意味が薄れてしまう。

こうしてシュッツは自然的世界とは何か別に超越論的世界をもたらす「エポケー」という方法にしだいに懐疑的になっていく。彼は、現象学が独我論の外観を呈するにいたったのは「基礎的で内世界的な間主観性の隠された志向性が人工的に遮断され」たこと、また「すべての人々にとっての世界の本質的内容が還元によって排除され」たことによるとさえ述べている（Schütz [1971:117]）。シュッツは明らかに超越論的現象学における「エポケー」という方法の重要性を十分に理解しえず、その有効性を疑っている。このことはまさに彼が超越論的態度を最後まで保持しえなかったことの有力な証左となるだろう。

またシュッツはフィンクとの論議の中で「たとえ私が超越論的主体は死ぬはずはないと思っても、私自身の死は私にとって私の世界の終わりであることは確かだ。私はこの世界でもはや生き延びることはできない」という（Schütz［1971:124］）。ここでいう私とは自然的世界における自我である。シュッツはこの私にあくまでこだわる。私は他者の死を死ぬことはできない。他者が死ぬとき、他者の超越論的主体、また私の超越論的主体と他者の超越論的主体を結びつけている超越論的間主観性はいったいどうなるのか。こうした問い自体、シュッツにとってはひとつの背理でしかない。このようにシュッツは「超越論的」と「自然的」という概念を二元的にのみ捉えていたために「超越論的間主観性」を否定せざるをえなかった。彼にとって、間主観性問題は、あくまで内世界的な問題でしかありえなかったのである。

シュッツはこうして間主観性の問題は超越論的な領域ではなく内世界的な領域に属しているという確信にいたる。(9) ここで重要なことは、シュッツが単に超越論的な問いを停止し社会的世界の精細な記述に向かったというだけにとどまらず、そうした存在論を展開することが逆に超越論的世界を基礎づけるのだ、その前提になっているのだ、という積極的な姿勢を打ち出してくる点である。シュッツは還元の下で行なわれたさまざまな分析の妥当性は自然的態度の下でも保持されるということを繰り返し強調している。(10) これはシュッツの仕事に、〈超越論的レベル〉で行なわれたことが〈内世界的レベル〉にも当て嵌まるという、〈上から下へ〉という思考の方向性が常に働いていたことを示している。シュッツにとってこれが現象学と社会学——基礎づける理論と基礎づけられる理論——の接点だった。しかしその〈上から下へ〉という方向性がしだいに〈下から上へ〉という方向性に転換する。すなわちここでシュッツは、ウィトゲンシュタインにとって「言語ゲーム」がすべてであるように、〈内世界的レベル〉がすべてであるという立場に近づいたといえる(11)。

シュッツは次のようにいう。

確実にいえることは、超越論的な構成的分析ではなく生活世界についてのそのような存在論のみが、あらゆる社会科学の基礎である間主観性の本質関係を、たとえそれが単なる所与性として吟味されないままに、つまり〃自明なもの〃として措定されているとしても、解明することができるのである(Schütz [1971:116-7])。

こうしてシュッツは、最終的には〈内世界的レベル〉に徹底的に内属しつつ社会的世界の存在論を展開することこそが、間主観性問題を解明するもっとも有効な手段であると考え、それを自らの学の中心的課題とするのである。

4 〈私〉の立場の徹底

シュッツは、間主観性の問題は超越論的な構成の問題ではなく生活世界の所与性である、とフッサールを批判している。シュッツは生活世界の存在論的側面を強調し、その「所与性」を出発点にとり、社会的世界が間主観的世界であることを繰り返し説いている。しかしシュッツは、行為者の

「今、ここ」をゼロ点とするその方法ゆえに、彼の描く社会的世界は間主観的ではなく独我論的な私的な世界にすぎない、という批判を浴びることになった。[12] それは、シュッツがフッサールに浴びせた批判とまったく同型の批判である。このことは、シュッツがフッサールと同型の方法的装置を共有していることを意味している。ここでは、まずフッサールの方法が超越論的現象学にとってどのような意味をもっていたのかを、その後期の思想の一端に触れることによって明らかにする。そして、シュッツが、フッサールから「〈私〉の立場の徹底」ともいうべき方法を継承したことによって、社会科学における主観の意味を大きく変容させる契機を獲得したことを示したい。

フッサールの思想展開は通常以下の三期に分けられる。「学の基礎づけ」という現象学の動機から心理学主義批判を繰り広げ論理学を確立しようとした前期、「現象学的還元」という方法によって超越論的現象学を提唱した中期、そして「生活世界」の根源性に着眼し発生的現象学への道を模索した後期である。[13] 中期から後期への展開をどのようにみるか——単なる転換か思想的深化か——によって、フッサール解釈はさまざまに異なってくる。一般的には、フッサールは超越論的自我を端緒にとったために袋小路に入りこみ、「超越論的自我」を生活世界の匿名的な「間主観性」に置き換えざるをえなくなった、と中期から後期の流れに断層をみる。シュッツもこの点に関し「構成の理念は、意味構造の解明、つまり存在の意味の説明から存在構造の基礎づけへと、すなわち説明から創造へと、ひそかにまったく思いがけなく変化したように私には思われる」（傍点引用者）と述べている（Schütz [1971:117-8]）。[14] しかしはたしてフッサールにおいて「超越論的自我」と「間主観性」の概念はまったく相容れないものなのだろうか。

以上のようなフッサール解釈——いわゆる独我論批判——の対象となるのは主に『デカルト的省察』である。『デカルト的省察』は『危機書』と並んでフッサール後期に属する著作である。[15] それにもかかわらず、フッサールの後期思想を代表するものとしては『危機書』のみが問題にされ、『デカルト的省察』における超越論主義と『危機書』における生活世界の思想とは異質のものであるとされる。しかし、「純粋意識」をその発生の地盤にまで掘り下げて考察するという『危機書』での動機は『デカルト的省察』においても、潜在的であるにせよすでに働いていたと考えられる。『デカルト的省察』、その直後に書かれた間主観性に関する厖大な量の『草稿』、そして『危機書』へといたる道は、フッサールの生涯にわたる中心的テーマである間主観性問題を超越論的哲学というひとつの学の成立をかけて展開しようとした、その辛苦に満ちた一貫した足跡を示すものである。[16]

フッサールは「独我論」を何か解決すべき問題、あるいは克服すべき問題として捉えていたわけではない。彼の意図したのは「独我論」という問題が「問題」として生じえない世界を開示する、ということであった。ではフッサールはどうやってそれを行なおうとしたのだろうか。この問いに十分に答えることはたやすいことではないが、ここでは、彼が「自我」というものをどのように捉えていたか、を示すことによってそのほんの一端に触れてみたい。まず『デカルト的省察』における「自我に固有なものの領域」という概念に注目してみよう。フッサールは他我が他我という意味をはじめて獲得するのはいかなる事情によるのかを確認するために特殊なエポケーを行なう。それによって他我認識を基礎づけている私自身についての経験がまず確定される。しかし自我に固有なものの領域を確定したのちに、いったん排除された自我に固有でないもの（他我経験）が再び自我に固有なものの領域にみいだされるという。

> 他なるものについてのあらゆる意識、すなわち他なるもののあらゆる現れ方は、あの第一の領域の中にともに含まれている。超越論的自我が、あの第一の領域内において、他ではないもの――固有なもの――として構成するすべてのものは、のちに示されるような、その自我の固有な具体的存在の構成要素として、実際にその自我に属している…（中略）…しかし超越論的自我は、その固有なものの内部において、かつそれを使って自我にとって他なる存在の全体としての客観的世界を構成するのであり、その客観的世界の構成の最初の段階においては、他我という様態をもつ他なるものを構成するのである（Husserl［1963:131 = 1970:286-7］）。

「自我に固有なものの領域」という概念を二義的に捉えるという方法は、『草稿』の中ではよりはっきりしたかたちで記されている。

それにしたがって第一次性ということばには本質上根拠のある二義性が生じる。根源的に方法的な意味においてそれが意味するのは、私、つまり還元的態度をとる自我が、すべての「感情移入」を抽象的に排除することによって現象学をしつつ遂行する抽象である。のちに私が「第一次的自我」というとき、それは原様態のモナドという意味をもつのである（Husserl［1973:635］）。ここでは還元を行なう抽象的な自我（現象学者が方法的にたてる自我）と原様態のモナド（「私にとっての私」と「他我にとっての他我」という意味を同時にうけとる本来の意味での自我）が区別されている。さらに『危機書』では次のようにいう。

> 判断中止は独得な哲学的孤独をつくり出すが、これは真に徹底した哲学にとっての方法的要求なのである。…（中略）…わたしが判断中止において到達する自我、すなわちデカルト的概念を批判的に解釈し直し、改良することによって「われ《エゴ》」といわれているものは、本来ただ曖昧に「私」とよばれているにすぎない（Husserl［1962:188＝1974:264］）。

フッサールの自我ということばには本質的な曖昧さが伴っている。彼は自我をあくまで二義的に捉えている。現象学者が出発点としてたてた自我は、実は本来の自我ではない。自我が自我であるためにはもともとその中に他我の観念を含んでいなければならない。自我は「他我にとっての他我」という意味を獲得してはじめて本来の自我たりうる。したがって還元の最初の自我は、実は自我とよばれるにふさわしくないものである。しかし他によびようがないので誤ってそうよばれているにすぎないのである（Husserl [1973:586]）。フッサールは自我に対して単純に他我を対立させてはいない。自我から他我を構成しようと試み、つまり超越論的自我の意識作用から超越論的間主観性の構成を根拠づけようと試み、それによって独我論の批判を免れようとしたのではない。そういった試み自体が成立不可能であることを、自我－他我／主観性－間主観性の対立それ自体が無効であることを示そうとしたのである。

そしてここで決定的に重要なことは、フッサールが超越論的主観性の立場に徹することによってそれを遂行しようとしたこと、つまりフッサールの方法である。彼は、超越論的哲学への道は超越論的自我の発見者であるデカルトの『省察』の動機を徹底的に押し進めていくところに開けるのであり、その時に重要なのはその徹底主義（Radikalismus）を貫くということ、つまり「エポケー」という方法を最後まで放棄しないことだと主張する。『デカルト的省察』では確かにもともと独我論を前提にしているようにみえる。しかしそれは、出発点においてそうした外観をもつということにすぎない。そのような独我論的な学問が徹底的に遂行されていけば、それは自ずと超越論的な間主観性の現象学へといたり、独我論はみせかけ（Schein）であったことが、後になってはじめて了解されるのである。[18] 現象学者が最初にたてた超越論的自我が実は本来の自我ではないこと、出発点としての独我論的虚構がまさに虚構であること、それはけっしてはじめから了解されている事柄ではない。それを理解するためには、本質的な曖昧さを伴う「私」からさしあたって始めて、デカルト主義を遂行していくという方法以外に採るべき道はない。フッサールにおいてまさに方法と問題は一体、不可分である。

フッサールは「体系的に完全に展開された超越論的現象学は当然真実かつ真正な普遍的存在論である」（Husserl［1963:181 = 1970:351］）と述べている。このことばがもつ意味はきわめて重要である。彼は最終的に「超越論的」と「存在論的」ということばが同義で用いられるような世界を志向していた。[19] 超越論的現象学的解明を体系的に押し進めていくことにおいて、最後には世界の超越論的意味もその完全な具体性において明らかにされる、それがフッサールの見通しであった。そしてフッサールにおいては、超越論的現象学が超越論的現象学として、したがってまた普遍的存在論として達成されることと、それが「エポケー」という方法によって達成されることはひとつのことであり切り離せない。

しかし厳密な意味での「エポケー」という方法を放棄したシュッツは、そうしたフッサールの意図を完全に理解することはできなかった。だからシュッツは自然的な世界とは何か別に超越論的な世界を想定せざるをえず、超越論的現象学が同時に普遍的存在論でもあるような、つまりシュッツにおける〈二つのレベル〉が一つでもあるような、そういう事態に想い到ることができなかったのである。「自然的態度の構成的現象学」は、中途半端な宙ぶらりんな状態にある。〈二つのレベル〉の区別は、現象学ではきわめて重要な区別であるが、それはあくまで方法的なものである。それを二元的に捉え素朴に固定化してしまったために、シュッツの学に矛盾が生じることになったのである。

しかしシュッツの学がどれほど曖昧で矛盾に満ちたものであっても、シュッツがフッサールと同、型の方法的装置を共有していること、そして彼独自の間主観性論を展開したということは、次に述べるようにその後の社会理論にとって重要な意味をもつことになる。フッサールの自我＝私は、従来の主－客図式の枠では捉えられない側面をもつ。フッサールは確かにあくまで自我＝私から出発する。それは、その自我＝私が、もともと他我を含みもった存在であることを確認するための方法的な出発点である。自我＝私はけっして客観的な世界に、ひとりで孤独に対峙してはいない。主－客の対立自体が無効であることを、〈私〉の立場に徹底的に内在することによって示そうとしたのである。そしてこの「デカルト主義の徹底的遂行」という方法の型は、シュッツ自身が自覚的に意図したことではなかったにせよ、〈内世界的レベル〉におけるシュッツの学の中に、「主観主義の徹底」という方法としてみいだすことができる。そうだとすれば、シュッツの学的営為を、従来の主－客図式の枠内で理解されるような「主観主義」ということばで読もうとすることにはどうしても無理が生じる。

　行為者の主観に徹底的に定位しつつ、その主観に社会的世界がいかに立ち現れるかを一貫して記述していったとき、相互行為を営む私がいかに他者を経験し〈われわれ関係〉を成立させているかを確認していったとき、そこにはその主観自体がすでに前提にしている何か、その主観自体にすでに含まれている何か、つまり間主観性が逆照射されるかたちで浮かび上がってきた……シュッツの学的営みは、そういうものとして理解できる。「社会的世界の存在論」における主観＝私は、個人的・心理的なものではない。それはすでに間主観的に生かされている主観＝私である。シュッツは、主観＝私とはけっして矛盾しない間主観的世界を示したのである。

5　転換点としてのシュッツ

シュッツの学における〈内世界的レベル〉への内属という転換は、その後の社会理論の展開にとっては、間主観性の問題を「基礎づけ」の問題から解放し社会学的な問題として主題化する道を開いたという意味で、やはりひとつの転換を成している。シュッツの学的動機それ自体は、あくまで社会科学の「基礎づけ」にあった。彼自身は、それまでの社会理論とは異なるまったく新しい社会理論を構築しようとしたわけではない。それまでの社会理論をより精緻により厳密に洗練させようとすることに主眼があった。そのために、そうした理論の基盤としての社会的世界そのものを問題にするようになったのである。それは、社会学においてそれまでまったく省みられることのなかった新しい——しかしすでに存在していたという意味では隠された——領域であった。そうした領域を発見し、その研究に方向性を与えたのはまさにシュッツの功績である。

シュッツの学には、これまでさまざまな解釈や批判がなされている。それはシュッツの学が——フッサール現象学との関係において——「中途半端で宙ぶらりん」なものにとどまっていた、という点にひとつの原因がある。しかし、逆にいえば、シュッツの学が「中途半端で宙ぶらりん」なものでなければ、社会学においてシュッツが読まれ、その発見が注目されることはなかったであろう。

シュッツが超越論的現象学ではなく、彼独自の学――「自然的態度の構成的現象学」――を展開したからこそ、それがたとえ一貫性に欠ける曖昧なものであったとしても、シュッツを出発点にとるさまざまな動きが生じたのである。社会学史上におけるシュッツの存在意義は、まさにこの端緒としての意義[20]にあるといえるだろう。

シュッツの学とシュッツ以後の社会理論の展開では、「基礎づけ」に対する態度に若干の違いがみられる。シュッツ自身は、間主観性を〈内世界的レベル〉に位置づけ、それを「自然的態度の構成的現象学」が解かなければならない中心的主題だと考えて、現象学から一定の距離をとるようになっても、「基礎づけ」の意図をまったく捨て去ってしまうことはなかった[21]。しかしシュッツ以後の展開では、シュッツが間主観性問題をあくまで「基礎づけ」の問題として捉えていたのに対し、間主観性問題それ自体を社会学の中心的主題としてとりあげ、社会学的実践として積極的に展開していくのである。

「基礎づけ」の呪縛から逃れられなかったシュッツの方法は、〈内世界的レベル〉の主観に徹底的に内在することによって結果として社会的世界の間主観性を呈示する、といういわば消極的な側面をもつ。それに対して、たとえばエスノメソドロジーの学的実践は、行為者の主観によって社会＝現実が構成されるという視点を維持しながら、一方で言語的コミュニケーション、行為者と行為者の相互行為そのものを出発点にとるアプローチを採用している[22]。それは、間主観的世界を真正面から解明しようとする試み、すなわち、社会の成員が暗黙のうちに共有している解釈装置の析出を通じて、主観自体がすでに間主観的に成立していることを明らかにする試みだといえる。エスノメソドロジーや会話分析、リアリティ構成論などの展開には、シュッツの学的動機や〈内世界的レベル〉への内属という転換の直接的な影響が認められる。

シュッツが担った「転換点」としての意義は、ひとことでいえば、それ以後、社会理論の前提をただ自明とする素朴な態度を、研究者自身がもはや無条件にとることができなくなった、ということにある。そしてルーマンの社会理論は――三章以下で明らかになるように――、あらゆる前提をたえず疑い、何ものをも前提としないという態度それ自体を、理論化の営みの過程へと組み入れることによって、シュッツの〈二つのレベル〉を内在的に克服しようとする試みとして位置づけることができる。ルーマンの自己指示的システム理論は、〈内世界的レベル〉への内属を徹底させ、基礎づける理論／基礎づけられる理論＝メタ理論／理論という対立を超えて、その関係自体を社会理論の側から包括して、〈二つのレベル〉が一つであるような世界を志向するものだ。それはまた、フッサールが志向した、「超越論的」と「存在論的」が同義で用いられるような世界でもある。ルーマンは、ある意味で、フッサールが企図した学をまったく正反対の方向から直接実現しようとしたといえるだろう。ここにも、シュッツの学の間接的な影響が明らかに認められる。

（1）「超越論的」transzendentale,transcendental ということばを、ここではフッサール現象学の用語法にしたがって、つまり「一切の認識形成の究極的な源泉を遡行的に問うという認識者のある根源的な動機」を表すものとして使っている。もっと簡単に大胆な言い換えをするなら、超越論的態度をとるとは、「エポケー」を徹底的に行なうこと、つまり自明性をどこまでも疑っていくことである。それに対して、素朴な自然的態度によって生きられている実世界を「内世界的」mundaneということばで表す。

（2）「端的に所与である」ということと、「所与であると認めたうえで前提にする」ということの間には決定的な違いがある。シュッツの仕事を理解するためには、この区別が重要である、ということを指摘しておく。

（3）したがって、シュッツはフッサールのいう「自然的態度の構成的現象学」が最終的に超越論的哲学と軌を一にするものであるという『危機書』での見通しを知ることはできなかった。シュッツは「自然的態度の構成的現象学」が社会のアプリオリな構造を問うものである以上、彼の企図した理解社会学の基礎づけの学としての役割を果たすものであると考えたのである。しかしまたシュッツは自らのフッサール研究の成果から、後期フッサールにおいて全面的に展開されることになる「生活世界」の概念についても、『意味構成』刊行の時点ですでにその重要性をある程度まで読みとっていたと考えられる。それは、「基礎づけ」の主要な仕事を存在論の展開に定めたこと、また後期フッサールの思想に触れてから書かれた諸論文の中で『危機書』への言及が重要な役割をはたしていることからも十分に推察できる。

（4）シュッツの死後出版された二冊の著作（Schutz［1970］, Schütz/Luckman［1979/1984］）の主題がまさにこの存在論であることからも、シュッツの仕事の力点がここにおかれていたことがわかる。

（5）シュッツの学は、超越論的態度と自然的態度の間をたえず往復運動することによって成立している。このことは、社会科学者が観察者として科学的な態度をとることと、行為者として自然的な態度をとることとの間を往復することによって、社会科学に固有の方法論的装置を創出することが可能になる、という彼の主張と繋がっている。そしてそれは、ウィーンとアメリカという二つの地に引き裂かれたシュッツの生涯と、その生涯の大半を研究者とビジネスマンという二つの顔をもって生きたという事実とも重なる。シュッツは、このように常に二つの現実に引き裂かれたまま、そのことに決着をつけないという態度をとりつづけたように見える。あえて決着をつけなかったのか、決着をつけようにもつけられなかったのか、それはともかくとして、そのことがシュッツの学に「中途半端で宙ぶらりん」という曖昧な印象を与えている。超越論的態度を一貫してとることなく「自然的態度の構成的現象学」を提唱しながら、最後まで「基礎づけ」の意図を放棄しなかったこと、「多元的現実論」を展開し、世界を徹底して相対化する視点への道を開きながら、一方で「至高の現実」という概念を手放さなかったこと、などにシュッツの学の曖昧さが現れている。そのことは、ある視点から見れば明らかな欠陥だが、ある視点——すなわちシュッツの学がその後の社会理論の展開にとって一つの転換点となったというわれわれの視点——から見れば積極的な評価の対象にもなる。二つの現実の間をたえず行き来するというその営みの中から、シュッツは、世界が備えている根本的な偶有性というものを嗅ぎとっていたのだろう。それは、後に述べるように、もっと徹底したかたちでルーマンの仕事に引き継がれているといえる。

(6) 一九七〇年代にシュッツが読まれはじめた頃、シュッツに対するもっとも典型的な批判の一つは、シュッツの学にこの〈二つのレベル〉があるということに対する認識の欠如から生じるものであった。つまり、シュッツの学に〈超越論的レベル〉があるということは認めながら、そのこととは切り離して〈内世界的レベル〉の展開を問題にすることが可能であるという考えの下に、両者の関係は問題にせず、〈内世界的レベル〉の部分がシュッツの社会理論そのものであるとみなして、それに対して批判がなされたのである。したがってこうした観点からは、社会学者たちがこれまで無自覚に前提にしてきた、社会理論自体が生じてくるその地盤を問うというシュッツの学的動機の重要性が無視、あるいは軽視されざるをえない。つまりシュッツが何のために社会的世界の精細な記述を行なったのかという認識がすっぽり抜け落ちてしまうのである。もしこのように、シュッツの仕事を全体的にではなく部分的にのみ捉えるなら、安穏と日常生活を営む人々が無批判に相互行為を行なっているだけのきわめて静的で秩序的な世界を、シュッツが一つの説明図式として呈示しているかに見えるのも当然である。シュッツを一読して誰もがもつであろう「当たり前のことが書いてある」という素朴な感想がこうしたシュッツ解釈の基調をなしていた。それが示すのは、シュッツの動機が、従来の学的伝統の中にある研究者たちにとっていかに理解しにくいものであったか、つまり彼らが前提とする世界の自明性がいかに強力なものであったかということである。

(7)　社会科学は人間（人格）を扱う科学である。したがってもし現象学が間主観性の問題に何らかの解決を与えることができるならその「基礎づけ」の意味は決定的になる。私がいて、私と同じような身体と意識の構造をもった他者たちがいることを社会科学者たちは疑わない。しかしシュッツのようにあらゆる社会科学の始まりにおかれる「基礎づけ」の学を遂行しようとする者にとっては、この問題を避けて通ることはできない。「理解」という概念ひとつとってみても、もし他我認識の問題に哲学的な解明が与えられていれば、シュッツのめざすより明確な再定義の助けになるにちがいないからである。シュッツはフッサールのみならずさまざまな哲学者たち――シェーラー、メルロ＝ポンティ、オルテガ、サルトル――がこの間主観性の問題をどのように扱っているかに言及し検討を加えている（Schutz [1973:140-4,150-79,180-203]）。そして結局間主観性の問題は哲学的に解決されていない、という結論を導いたのである。しかしシュッツは「この問題がいかなる現象学的探究にとっても中心的なものとして残されていようと、それがこれまで満足のいく解決をみいだしていないという事実は、社会科学の基礎づけに対するフッサールの顕著な重要性を損なうものではない。なぜならこれらの科学は間主観性の哲学的側面ではなく、自然的態度における人々によって、つまり社会的文化的世界に生みこまれ、その世界の中に意味をみいだし、その世界となんとかうまくやっていかねばならないそういった人々によって経験されるものとしての生活世界の構造を扱わねばならないからである」(Schutz［1973:144-5］)と述べ、超越論現象学とは一線を画して「自然的態度の構成的現象学」を押し進めることになる。われわれが他者たちとともにこの世界に生きていることは、さしあたって疑いえないことである。ゆえにシュッツはさしあたって他者存在の自明性を所与のものとして、それを改めて問うことはせず、間主観性の哲学的側面は超越論的現象学にまかせるかたちをとったのである。そしてシュッツ自身は、生活世界のアプリオリな構造を解明する存在論を展開していくことによって、社会科学の基礎である間主観性の問題をあくまで「自然的態度の構成的現象学」の中で考えていこうとしたのである。

(8) 自然的世界と超越論的世界の同一性をいうとき、自然的世界の両義性に注意する必要がある。思念されている自然的世界と、純粋に事柄自体、つまり現象として把捉された自然的世界である。超越論的世界と同一であるのは後者である。

(9) シュッツは次のように述べる。「他者たちの存在はいったい超越論的領域の問題であるのかどうか、また間主観性の問題は超越論的自我の間にあるのか(フッサール)、諸人格の間にあるのか(シェーラー)、間主観性したがって社会性はむしろもっぱらわれわれの生活世界の内世界的領域に属していないのかどうか」(Schutz［1973:167］)。

（10）シュッツにとってこのことはとりわけ大きな意味をもっている。彼の基礎づけの仕事の出発点は〈私〉（＝自我－自身）であり、『意味構成』の第二章で展開したような意識の流れの分析は存在論の展開にとって不可欠な前提である。シュッツは超越論的現象学と一線を画しながらも、その現象学的分析の諸成果を「自然的態度の構成的現象学」の中で応用していかなければならなかった。だからこそシュッツは、社会科学に対するフッサールの顕著な貢献は、現象学的に還元された領域で行なわれた分析の成果が自然的態度の領域にも妥当するという原理を確立した点にある、と繰り返し強調する必要があったのだ。シュッツはフッサールの行なった諸分析の中から、社会科学において実り豊かに応用されうるものとして、内的時間意識の分析、「ここ」からと「そこ」からみられた環境についての分析、間接的呈示の理論、前述定的経験および諸類型の本性についての分析、開かれた問題可能性、「私はできる」ということばのさまざまな意味、「形式的実践」の問題についての理論、などを挙げている（Schutz [1973:145-8]）。このような指摘は、自然的態度での仕事に従事しようとする者にとって非常に重要な意味をもっている。すでに述べたように、シュッツは「エポケー」という方法を最後まで信じきることはできなかったが、エポケーや還元によって生活世界の内容から諸科学およびその成果や技術が消去されるわけではない、ということは十分に理解していた。その程度までは現象学的還元の意味を正しく理解していたのである。それによって、シュッツはフッサールの行なった諸分析の成果を社会科学の基礎づけに取り入れることの根拠を得たのである。社会科学における具体的な問題を現象学的方法で分析することが問題なのではない。しかしシュッツは「社会科学の方法やその基本的概念に関する将来の研究は、必然的に現象学的探究の領域に属する問題につながる」（Schutz [1973:116]）という。このように、シュッツにとって、社会科学と現象学を結ぶ線は、現象学的還元という方法によって可能になっていた。そしてそのことが、シュッツの学に最後まで〈二つのレベル〉の問題を残したといえるだろう。

(11) シュッツの「意味領域」とウィトゲンシュタインの「生活様式」をパラレルな関係にあるとみることもできる (Gier [1980:120-4])。

(12) シュッツ批判において、フッサールとの関係が問題にされる場合は、二つのタイプがある。一つはフッサール現象学から逸脱しているという批判である。それはシュッツの仕事に対するフッサール現象学の影響をまったく認めない立場である。たとえば、シュッツの仕事はフッサール現象学の曲解のうえに成りたっており、ちっとも「現象学的」ではない、それは超越論的現象学の心理学的歪曲である、と論断される (Hindess [1972])。しかし本章で明らかになるように、シュッツにおいてフッサール現象学の影響は重要であるというより決定的であるといえる。なぜなら、シュッツがそもそも社会科学の「基礎づけ」の学を企図しようとしたこと、彼の学的営為そのものがフッサールの影響なしにはありえないことだからである。フッサール自身が「私はこれほどまでに真摯で徹底した現象学者である貴兄に、心からお目にかかりたいと思います。私の生涯の仕事の意味の真髄にまで迫ることは誠に困難なことでありますが、貴兄はそこまで突き進まれた数少ない現象学者であります」と認めたように (Schutz [1973:x = 1983:7])、シュッツ自身がまず現象学的分析を行なう一人の現象学者であった。ただ、シュッツはフッサールが最終的に企図した超越論的現象学の一歩手前で立ち止まってしまった、つまり「エポケー」という方法を途中で放棄してしまったという点において唯一フッサールと袂を分かつ。シュッツは社会学者たちが自明としてきた社会的世界に反省の眼を向け、その自明性を疑うという仕事に取り組んだが、それをどこまでも究めていけば、当然のことながら他者存在をも疑わなければならなかったはずである。しかしシュッツはその一歩手前で立ち止まった。そしてそのことが結果的に、シュッツのフッサール解釈を曇らせ、シュッツの学に曖昧さを残した。シュッツの示唆によってミードの研究を行なったナタンソンが結局フッサールにまで遡らざるをえなかったのも、シュッツの学の曖昧さを追及していった結果であると考えられる（Natanson［1973］）。だからシュッツに対する決定的な批判は、超越論的な問いを途中で停止したこと、これに尽きる。「逸脱している」という批判はこの意味でのみ正当なものとなるだろう。もう一つは、フッサール現象学の残滓を引きずっている、という批判である。「シュッツの著作には、もともとフッサールの超越論的現象学において表立っていた同じ中心的困難のいくつかが、弱められ変化させられてはいるが現れているというのが正しいと思う」（Giddens［1976: 33］）という叙述に代表されるように、シュッツは現象学という古い哲学の主観主義の桎梏から抜け出すことができなかった、と診断される。ここには現象学＝独我論＝主観主義的アプローチ＝ミクロ社会学という図式、すなわちあくまで従来の主－客図式に則った解釈のかたちがみられる。しかし以下に明らかにするように、シュッツの学における「主観」は従来の主－客図式の枠を越える側面をもっているのである。

(13)　中期の厳密な現象学的分析を正統とする人々には、後期の思想は曖昧でわかりにくいものに映り、逆に後期にその立脚点を求める人々には、中期の思想はやはり独我論を克服していないものにみえる。

(14)　シュッツは最終的には後期フッサールの「生活世界」に立脚点を求めようとするのだが、同時に超越論的現象学の厳密な構成的分析を高く評価し、そうした現象学の研究成果が社会科学の「基礎づけ」にとって不可欠であるという立場を崩さなかった。そして「ひそかに思いがけなく変化した」ということばに表れているように、シュッツ自身の中で、この両者の結びつきは明確にされていない。フッサール現象学に対するシュッツの態度が矛盾に満ちていると一般に評される理由の一つはここにある。

(15) 『デカルト的省察』の仏訳が出版されたのは一九三一年フッサール七二歳の時であり、その後は一九三六年に『危機書』の第一部と第二部が出版されただけである。

(16) 『デカルト的省察』のもとになった講演は「超越論的現象学入門」の題で行なわれている。つまりここにはフッサールがその最晩年に辿りついた超越論的哲学としての現象学の立場が簡明に記されているはずである。その大半がいわゆる他我認識の叙述にあてられているのも、そうした入門の意図を十分に果たすためには、その当時すでに現象学に浴びせられていた独我論批判に対して何らかの応答をすることが必要だと考えたからであろう。

(17) フッサールによれば、デカルトの誤謬はこの徹底主義を途中で放棄したことにある。デカルトは「あらゆる発見の中で最も偉大な発見の前に立ち、ある仕方ですでにその発見を行なっていたにもかかわらず、その本来の意味、つまり超越論的主観性の意味を把握することができず、それゆえ真の超越論的哲学へと導かれる正門をくぐり抜けることができなかったのである」(Husserl [1963:64 = 1970:205])。

(18) 『デカルト的省察』はいわばあくなき確認の作業である。生活世界の自明性を理論的・学問的に把握するというフッサール現象学のそれ自体極めて困難な試みの一環として、超越論的経験における他我とはなにかを確認していったのである。「超越論的自我」と「生活世界」は代替関係にあるわけではない。『デカルト的省察』でもすでに発生的構成の問題の重要性について触れられている (Husserl [1963:163 = 1970:328])。また『草稿』の中には「伝達の現象学」(Phänomenologie der Mitteilung) の構想がみられる。ここで問題となるのは「社会的行為の前提と形式としての伝達共同体」――「語りかけることとしての語ること」(Rede als Anrede) とそのことばを「受けとること」(Aufnehmen) というコミュニケーションによる共同体――である。『デカルト的省察』において「感情移入による共同体」の静態的構成の分析が徹底的に行なわれたのに対し、ここではそれとは逆方向の問題のたて方がみられる。つまり独我論的な世界が最初にあるのではなく、私と他者が渾然一体となった世界が分節化されていく、というような発生論的視点がとられている (Husserl [1973:473-6])。

(19) そのような世界をフッサールが十二分に示すことができたのか、いいかえれば超越論的現象学という一つの学が学として成功しているのかどうか、という問題はまた別個にたてられるだろう。ここではそこに踏みこむことはとうていできない。ただフッサールの試みは、「デカルト主義の徹底的遂行」という方法を貫くことによって、最終的にはそれが挫折する瞬間に、彼が志向した世界――「超越論的」と「存在論的」が同義であるような世界――の存在がかろうじて開示される、そういう営みとして理解することができるのではないだろうか。後に述べるように、ルーマンの自己指示的システム理論は、フッサールが志向した世界を、彼とは異なる方法で指し示そうとする試みだと解釈できる。

(20) フッサールは自らの学について「デカルトの省察の動機を徹底的に押し進めていくことによってついにデカルト哲学そのものを放棄せざるを得なくなったとしても、それを新デカルト主義と呼んでさしつかえない」という (Husserl [1963:43 = 1970:179])。端緒としての意義とはほぼこういうことである。しかし社会学においてシュッツの立場が全面的に否定されることは、その後の直接的・間接的な影響の大きさから見て、もちろんありえない。

(21) バーガー、ルックマンの知識社会学的試み、グルドナーの反省的社会学、シクレルの測定をめぐる詳細な記述などには、シュッツの「基礎づけ」の意図をまだある程度読みとることができる。

(22) 江原は、シンボリック＝インターラクショニズム、現象学的社会学、エスノメソドロジーの三者が、「人間中心主義」から「脱中心化分析」に向かう途上にあるという（江原［1983］）。シュッツの学の中にみいだされるように、主観主義的な分析を徹底的に遂行していくという内在的過程の中から、脱中心化的な分析を培う土壌が準備されていったと考えられる。しかし「脱中心化」ということばには、中心－脱中心という二元論的な枠組みが依然として感じられる。

II

第三章　不可逆性のメタファー

1　理論のはじまるところ

時間といえば、人は過去から未来へと無限に続く一本の線というイメージを思い浮かべる。時間を線として表象すること、そして一度過ぎ去ってしまった時間は、もう二度と、けっして取り戻すことができないという思いは、われわれの生活において、疑う余地のない事柄のように思える。「不可逆性のメタファー」で語られるような時間の表象や経験は、普遍的で唯一の時間の存在として、われわれの通常の世界では優先権を与えられているのである。(1) しかし、ルーマンによれば、この「不可逆性の優位には説明が必要」（Luhmann［1984:71］）だということになる。われわれはいかにしてこの時間というものを手に入れたのか。本章では、ルーマン理論の中に「時間生成」という視点を読みこむことによってこの問題に焦点をあわせる。

ルーマンは社会理論家であると同時にメタ理論家である。しかし「社会科学の基礎づけ」を企図したシュッツがメタ理論家である、というのとはその意味あいがかなり違っている。第二章で明らかにしたように、シュッツの特異性はその「問い」の根源性（Radikalismus）にある。彼の仕事は理論的営為が——意識的、無意識的を問わず——依拠している基盤＝社会的世界そのものを問い、あわせてそうした「問い」の重要性を社会学者たちの間に改めて顕在化させるという強い意図に支えられていた。シュッツの企図したことは、「社会科学の基礎づけ」という意味で、当然きわめて哲学的な、メタ理論的な色彩が強いものであった。しかし、シュッツが間主観性の問題は哲学的な領域ではなく、社会学的な内世界的領域でこそ解かれるべき問題である、とその立場を微妙に転換させて以来、社会理論家たちは、このシュッツの「問い」をまったく無視して理論構築を行なうわけにはいかなくなった。ルーマンは、こうしたシュッツの「問い」の意義をその理論構築において十二分に生かそうとする数少ない社会理論家の一人であるといえる。

ルーマンは次のように述べている。「科学的理論構築の課題には、概念の適用範囲と焦点深度と理論仮説の関係を規整することが含まれる」（Luhmann［1975:9］）。「行為システム理論はその基礎水準をもっと利用しさらに拡張せねばならない」（Luhmann［1981a, TH:146］）(2)。つまり、ルーマンは社会理論自体の焦点深度を掘り下げ、深めることによって(3)、これまでの理論家たちが自明視してきた社会的世界のコミュニケーションの微細な構造まで、その理論射程に入れこもうとしているのである。つまりルーマンは社会理論全体を〈メタ理論〉的に展開しているといえる。ルーマンの社会理論は、その意味で、従来の――そしてシュッツにおいて根強く残りつづけた――「基礎づけられる理論／基礎づけるメタ理論」という基礎づけ関係の図式では容易に捉えられない複雑な構成をもつにいたっている。ルーマン理論の難解さ、文体（スタイル）の特殊性は、認識論を社会理論の側から包みこもうとする、その構想の壮大さに起因するといえるだろう。(4)

そしてこの〈メタ理論〉的展開に重要な役回りを演じるのが時間と意味という概念である。すでにシュッツにおいて、意味概念は行為や体験に先立つもの、つまり行為や体験によって、あるいは行為や体験として、はじめて切り出されてくるもの、という意味あいが含まれていた。意味を、われわれのコミュニケーションをその根底から支え成立させている根本形式として捉える見方の萌芽がそこにある。またシュッツは行為論に時間概念を導入し、行為概念を目的－手段図式の手前に位置づける道を開いた。

「行為は未来完了形においてのみ表象しうる」とか「行為がいつ始まっていつ終わるのかを知っているのは行為者だけである」といった言葉の中には、まだ明確なかたちをとっていないとはいえ、時間概念を意味概念と同じ根元的なレベルにまで掘り下げ、時間を意味生成の契機《モメント》として捉える視点を読みとることができる。ルーマンは、シュッツの議論のこの「水準の深さ」を継承し、意味概念と時間概念をさらに精緻化、尖鋭化させ、理論全体の中により複雑なかたちで組み入れているのである。

本章では、社会理論の〈メタ理論〉的展開というルーマンの理論構築の意図を、その独特の時間生成の議論に照準することによって、ルーマンがどのようにして社会理論自体の焦点深度を深めたのかを考察する。ルーマンが、体験加工の形式としての間主観的な意味 Semantik に社会学の根本概念の位置を与えたことはよく知られている。しかし、彼は意味というものを無反省に理論構築の前提にしたりはしない。時間についても同様である。意味への根源的な問いは、不断に時間の問題を浮かび上がらせる。時間と意味は相即的に絡みあっている。ルーマンにとって、それは同時に生成されるものである。われわれは、確かに、間主観的な意味と間主観的に共同なものとして仮定されている時間地平の形式を、すでにもっている。日常生活においても理論構築においても、それはほとんど自明に近い前提である。ルーマンはわれわれがそうした形式をいかにしてもつにいたったのかを問う。時間と意味が、そうした形式を獲得する瞬間の事態とはどのようなものか、そうした事柄まで包摂するような理論構築をめざすのである。ルーマンは「時間への問いは、社会学の根本問題の処理に関わる。それはそうした概念の意味論的領野にあり、通常それによって理論構築が始められる。時間への問いは、おそらく通常の根本概念を分析し、解き明かし、理論的アプローチをもっと深いところから始めることによってのみ適切に扱われうるのだ」（傍点引用者）と述べている (Luhmann [1981a,TH:126])。こうしてルーマンはある深みへと降りていくのである。

ルーマンはいかにしてその理論の焦点深度を深めたのか、この問題を解く鍵は「行為はシステムの要素としての〈できごと〉Ereignis である」というテーゼに隠されている。まずこのテーゼに含まれている、システムと要素というもっとも基本的な概念について若干の説明を加えておこう。ルーマンは何よりもまず「システムがその要素を構成する水準の深さ」に定位する。それはシステムと要素の同時生成・相互依存という視点を含んでいる。要素がまずあって、システムが構成されるわけではない。システムがまずあって、要素に分解されるわけではない。ルーマンによれば、「要素はそれを要素としてもつようなそのつどのシステムに対して相対化される」、「要素はそれが要素として機能するシステムによって、そのシステム内の適用範囲としてのみ構成される」（Luhmann［1982:367］）ということになる。[5] そしてこの背景には、こうした構成を可能にする世界全体が常に前提にされている。「生成し、生起するすべてのもののうちには、それ自体よりも多くのものが前提とされ、最終的には世界全体が含意されている」（Luhmann［1982:367］）。ルーマンにとって行為とは、まさにこのような意味での、システムの要素にほかならない。つまり要素の生起＝行為の生起は、その瞬間のシステムを規定する。これはシステムと環境との差異がある仕方で統一されたことを意味し、そのことはすなわち、世界の布置（Konstellation）が規定されたことを含意する。行為の生起は、そのつど世界の全体連関を貫いているのである。

　このことから、ルーマン理論においては、行為論とシステム論をいかにして統合するかといった問題設定を採っていないことが明らかである。「行為なきシステム、システムなき行為は社会学の対象領域では構成されない」（Luhmann［1980,TK:246］）という言葉が示しているように、行為もシ

ステムも、それぞれ一方だけを独立に構成することはできないのである。(6)

次に問題となるのは〈できごと〉Ereignis という概念である。〈できごと〉とは何だろうか。ルーマンはなぜ「行為は〈できごと〉である」と繰り返し強調するのだろうか。ルーマンはさまざまなところで、さまざまな言い方で、〈できごと〉について語っている。ルーマンによれば、〈できごと〉はある一定の時間点において同定され、その現在に結びつけられている。そして〈できごと〉はその現在において生成し、生成されたとたんに消滅する。しかしだからといって〈できごと〉の同定に時間測定など必要ない。〈できごと〉はいくら積み重なったところで構造や状態にはならないのである。〈できごと〉はそれに固有の過去と未来をもつ。〈できごと〉はいわば静的連結点である。それは他の〈できごと〉と繋がる一定のパターンを選択することのなかに、自らの統一をみいだす。〈できごと〉はそうした関係性のパターンが活動することにおいて時間上境界づけられる。〈できごと〉は変化が現実に起きることによって定義される。またそれによって現在も定義される……。

〈できごと〉とは何か、はこれではまだ明らかにならない。ただ以上のことから〈できごと〉が時間と深い関連をもつことは明らかである。ルーマンは「〈できごと〉の意味について現れる時間というものは、〈できごと〉から分離可能となって、(文化的に解釈可能な) 世界次元の形式を獲得する。社会性を越えて経過する時間の引き離しは、あらゆる時間測定の前提であり、また社会発展と時間意識の構造とのあいだのあらゆる相関の前提である」(Luhmann [1980,TK:247-8]) と述べている。つまり、〈できごと〉の意味に結びついて時間が現出する。そして〈できごと〉から切り離された時間は、いわゆる、われわれのよく知っている時間――「不可逆性のメタファー」としての形式を獲得した唯一普遍的な時間――となるのである。〈できごと〉は時間を時間たらしめ、さらにいえば意味を意味たらしめるもっとも根源的な事態にほかならない。だからこそルーマンは繰り返し〈できごと〉という概念に立ち戻るのである。(7)

しかしいったい〈できごと〉とは何か。「行為は〈できごと〉である」とはどういうことか。そして「〈できごと〉が時間を時間たらしめる」とはどういうことなのか。ルーマンの〈できごと〉についての言明をさらに深く考察するために、つまり〈できごと〉と時間の関連を明らかにするために、ここでハイデガー哲学における性起＝Ereignisの概念を参照する必要がある。

2

ハイデガーの時間論――Ereignisとは何か

ハイデガーは『存在と時間』の中で、さまざまな存在者が存在するということは、いったいどういうことか、その本質事態を改めて問い直し、人間と世界の関係を全体的・構造的に明らかにする試み、つまり存在論を展開している。彼はこの「存在の意味への問い」を人間という存在者（Da-Sein）から始めている。人間はあらゆる存在者の中で、唯一「存在了解」――自らの存在、また他の存在者の存在に対して、それを理解し、それを主題化することができる、そういう在り方――をもって生きる存在者だからである。ハイデガーは人間＝現存在がその存在において自らの存在と関わりゆくような、そういう存在者として存在しているというそのこと、つまり人間の「実存」を、現象学の手法で解き明かそうとした。その結果、彼は二つの結論を得た。一つは、まず人間＝現存在の「存在」の構造全体は、「関心」（Sorge）として顕れるということ、そしてもうひとつは、現存在の「存在意味」は「時間性」であり、「関心」もこの「時間性」によって構成されるということである。

そしてハイデガーは、人間という存在者のみならず、いっさいの存在者の「存在の意味への問い」はこの「時間」というものから解き明かされるはずだと考えた。しかし『存在と時間』は「現存在」の分析のみにとどまり、存在一般がその意味において「時間」であることの解明は未完のまま残されることになった。そしてこの問題の解明は後期ハイデガーにおけるもっとも重要な論考「時間と存在」（Zeit und Sein）の中で新たに展開されることになる。

ハイデガーは、『存在と時間』の中では、「現存在」から「存在」へとその考察の歩を進めた。しかし「時間と存在」の中では、逆に「存在」から「現存在」へと、つまり存在と時間の一般的関係を明らかにすることによって、そこから「現存在」を浮き彫りにしようと試みた。そしてここで、存在そのものが、時間において、人間のところへと、与えられ送られてくるものとして、さらに時間そのものも、人間のところへと、与えられ届けられるものとして捉えられ、その存在を送り、時間を届ける、ある奥深いもの、それが性起＝Ereignis とよばれるにいたった。

ハイデガーによれば、時間と存在はそれぞれがまずそれぞれとしてあって、次に両者が関係するという仕方で、お互いを規定しあっているのではない。両者はあくまで「時間〈と〉存在」として、両方の事柄を保持しあい、どこまでも関わりあっていく。そしてこういう事態が、「それが存在を与える」、「それが時間を与える」というときの〈それが与える〉＝Es gibt である。では存在はいかにして与えられているのか。また時間はいかにして与えられているのか。

存在は、ハイデガーにおいて、まず現前性（現前させること＝Anwesenheit）であった。「存在者は存在する」――つまり「テーブルがある」、「窓がある」――とはいえるが、存在それ自体は存在者ではないから「存在がある」とはいえない。したがって、ハイデガーは「それが存在を与える」の〈それが与える〉＝Es gibt から存在を解き明かそうとする。

> 存在は、この〈それが与える〉ということの〈贈りもの〉として与えることの内に属している。存在は〈贈りもの〉として与えることから突き放されない。存在つまり現前は変化させられる。現前させることとしての存在は、隠れをとること（Entbergen）の内に属し、隠れをとることの〈贈りもの〉として、与えることの内にどこまでも引きとどめられて保持されている。存在はあるのではない。存在は、現前の隠れをとることとして〈それが与える〉。（Heidegger［1969:6＝1973:14］）。

存在は、このような〈贈りもの〉(8) として与えられる。この〈贈りもの〉を与える〈与えること〉を、ハイデガーはまた〈送ること〉であるともいっている。「ただその〈贈りもの〉のみを与え、しかしそのさいそれ自身を手放さずに引きとどめて、しかもその〈贈りもの〉から脱け去るという仕方で〈与えること〉、それを私たちは〈送ること〉(Schicken) と名づける。」(Heidegger [1969:8 = 1973:17])。存在は、たえまなく、次々と、〈贈りもの〉として送られる（与えられる）。しかし送る（与える）もの自身は、そのために自らを脱け去る。こうして存在は、それ自身を、〈それが与える〉ということと、〈それが与える〉ということが〈送ること〉であるということ、そのことの内に示すのである。では〈それ〉＝Es、存在を送る〈それ〉とは何か。ここで、われわれは〈それが与える〉ということにすでに含まれている時間的意味に注目しなくてはならない。なぜなら現前性とは現在 (Gegenwart) のことだからである。この現在とはもちろんわれわれのよく知っている時間線上の今のことではない。現在とは、現に在ること、われわれ人間に向かって来てとどまり、存続することを意味する、いわば本来的時間である。現前性という意味での現在とは、人間に「届けられる」絶えざる滞在を意味する。ハイデガーによれば、時間を〈それが与える〉のであり、この〈与える〉とは〈届ける〉(Reichen) ことでもあるという。いったい何が「届けられる」というのだろうか。もちろん届けられるのは現前である。〈現前すること〉である。しかし現前は必ずしも現在であるとは限らない。

現前を届けるということは、現在の内にも過去の内にも未来の内にも働いている（中略）。未だ現在ではないとしての到来は同時に、もはや現在ではないことを、すなわち過去を届け過去をもたらす。逆にこの過去はそれ自身を未来に届ける。未来と過去という両方の相互関連が同時に現在を届け現在をもたらすのである。〈同時に〉というのは、そういうことによって、未来と過去と現在が相互に届けあうこと、つまり三者の独自な統一に、ある時間性格を帰属させるからである（Heidegger［1969:14 = 1973:27］）

とハイデガーはいう。未来と過去と現在という三つの時間の「領域」（Bereich）が相互に届けあうという仕方で、その三つの「領域」を開きつつ「届ける」。こうして届けられた現前によって本来的時間の時 - 空（Zeit-Raum）が開ける。ここでは、未来と過去と現在が共存している。現在には過去と未来が同時に含まれる。現在は、「絶えざる滞在」をとどめておくことができなくてはならない。そしてこうして開かれた「領域」に、存在が送られる。時間が存在の送られる「領域」を開くのである。

存在は現前性として、時間は、現前の開け届けることの領域として示された。しかし、〈それ〉は依然として示されてはいない。〈それ〉とは何かは、〈それ〉自身からではなく、〈それが与える〉の〈与える〉ということから解き明かす以外にはない。〈それが与える〉の〈与える〉とは、存在を送ること、時間を届けることであった。このことの内には、存在と時間をそれらが本来所属する固有なもの（Eigenes）の内に与えることが示されている。ハイデガーはいう、「両者を、つまり時間と存在を、それらの固有なものの内へ、すなわちそれらの共属の内へ定めているもの、それを私たちは性起＝Ereignis と名づける」（Heidegger［1969:20＝1973:38］）、と。性起とは、〈それが与える〉＝Es gibt ということ、「時間と存在」の〈と〉である。それはいわば時間と存在という両方の事柄の保持態である。したがってそれ自体は時間でも存在でもない。時間と存在は性起の内で出会う。そして存在は性起の内で消え失せる。また性起は自らの固有なものを保持するために、それ自身をたえず脱け去らしめる。そしてこうして保持された事態は、一切のものがその固有なものを顕すとともにその他の一切のものと連関している世界にほかならない。人間は、現存在としての人間は、この性起の内に所属する者としてはじめて人間たりうる。人間は、本来的時間の内に踏みとどまって立ちつづけることにおいて存在を理解する者として、性起によって、人間という固有なものの内にもたらされるのである。(9)

さて、われわれは、ハイデガーにおける性起＝Ereignis の概念を以上のように理解したうえで、ルーマンにおける〈できごと〉＝Ereignis の概念に戻ってみよう。〈できごと〉とは何か、そして「行為は〈できごと〉である」という言葉は何を意味しているのか、それを理解できる位置にわれわれはようやく到達した。(10)

3　二つの現在――時間生成のメカニズム

「社会システムはどんな場合でも時間化された複雑性を伴うシステムであり、その最終要素はコミュニケーション行為、すなわち〈できごと〉である」（Luhmann［1980, TK:245］）とルーマンはいう。この場合、「時間化された」とは時間を含んだものとして現れるということである。システムも要素も、われわれの前に現れるとき、すでに時間を含んでいる。あるいは、われわれがシステムについて語り、要素について語り、そして世界について語ることができるのは、われわれがすでに時間を知っているからだ、といった方がいいのかもしれない。これは必然である。そしてルーマンの問いは、いかにしてわれわれがこの時間というものを知るにいたったのか、ということである。時間はいったいどこから来たのか、ルーマンはこの問いにも「システム」をもって答えようとする。ルーマンの理論においては、あらゆるものがシステムに始まり、システムに終わる、といっても過言ではない。時間についても、それをシステムが自ら生産するという視点を崩さない。

システムはいかにして時間を、仮象としての時間＝不可逆性を生産するのだろうか。ここでは、ルーマン理論における時間生成のメカニズムを明らかにする。そのとき重要な役割を果たすのが、「二つの現在の同時作用」＝「現在の二重化」という時間の捉え方と、「行為の接続」というルーマン独自の考え方である。

ルーマンは、「行為システムが不可逆性を生産し、なおかつまた不可逆性をとどめておくことができるなら、二つの異なる現在の様式を自由に駆使することができなくてはならない」(Luhmann [1981a, TH:133]) という。二つの現在とは、「瞬間の現在」と「持続する現在」をさしている。瞬間の現在は、次々と止むことなく未来を過去にする。それは、何かを不可逆的なものとして特徴づけるために必要とされる。持続する現在は、未来と過去を引き離す。つまり未来と過去は、あくまで未来と過去として (別々のものとして)、しかも同時に、持続する現在のうちに保持される。それは不可逆になることをとどめておくために必要とされる。ルーマンは二つの現在についてまた次のようにも述べている。「二つの現在は、同時に構成され同時に利用される。両者は相互に前提しあっている。現在が現在であること、それはこの同時性である」(Luhmann [1981a, TH:133])。「二つの現在の同時性において、はじめて瞬間でありうるもの、持続でありうるものが生起する。瞬間を瞬間たらしめるためには、瞬間が過ぎ去ることを許すような、より包括的な現在が必要である」(Luhmann [1981a, TH:142])。

このような言明によって、ルーマンはいったい何をいおうとしているのか、もう少し敷衍して述べてみよう。ルーマンによれば、行為システムが二つの現在を自由自在に駆使することによって、時間が生産される。通常われわれは時間について、点が積み重なって線になる、というイメージを抱く。しかし点はいくら積み重なってもけっして線にはならない。不可逆になること、つまり瞬間の現在の継起性だけでは時間はつくれない。瞬間の現在のほかに、不可逆になること (不可逆にする作用）をとどめておくことのできる持続する現在が、どうしても必要なのである。「持続する現在」ということばは、現在がいわば「厚み」のようなものをもっていることを示している。この「厚み」の中で、未来と過去と現在の同時存在という明らかな矛盾がはじめて可能となる。現在はそれに固有の未来と過去を常に保持している。そうでなければ現在はもはや現在ではない。未来と過去から完全に切り離された現在は単なる点であり、時間ではないからである。現在のイメージは、「瞬間の現在」という一点を頂点とし、「持続する現在」という「厚み」の拡がりを底辺とするような円錐形として描けるだろう。[11] 時間は、ここから生まれてくる。未来と過去と現在の共存、それが時間にとってもっとも根源的な事態である。[12][13]

では、線としての時間のイメージはどこから来るのだろうか。円錐形としての時間のイメージから線としての時間のイメージへと、両者を架橋するもの、それはいったい何なのだろうか。これが次の問題である。

ここで登場するのが〈できごと〉という概念である。まず「二つの現在」と〈できごと〉がどのような関係にあるのかを明らかにしておこう。〈できごと〉は、ひとことでいえば、「二つの現在」の同時作用がそこではじめて可能にされる、すぐれた意味での事態だと考えられる。[14]〈できごと〉は「瞬間の現在」という一点に結びつき、そこで始まりそこで消える。〈できごと〉は連結点として、そこで、未来と過去をそのつど変化させる。そしてまさにそのために「持続する現在」を必要とする。持続する現在はすでに述べたように、単なる継続ではなく、未規定性や開放性や可逆性をそのうちに含んでいなければならない。ルーマンは次のようにいう。「瞬間が生起し、過ぎ去り、現実に（an Realität）その未来とその過去の差異だけを残すことによってのみ、現在は持続しうるのだ」（Luhmann［1981a, TH:142］）。

現在の二重化は、瞬間の現在に対して、その未来と過去を「経験」にする。瞬間の現在は常に持続する現在から方向づけられる。(15)〈できごと〉の未来と過去も、経過していく現在のなかではじめて可視的となる。つまり「〈できごと〉はその直接の過去と直接の未来がひとつのまとまりとしてともに見られるときにのみ、現在―経過的なものとして捉えることができる」（Luhmann［1981a, TH:131］）のである。〈できごと〉において、「現実に」つまりそのつどじっさいに、新しく未来と過去の差異が残される。そのことは一方で時間の不可逆性をたえまなく生みだし、他方で経験内容としての意味をたえまなく生成・再生する。ハイデガーにおいて性起が時間の領域を届け、存在を送る根源的事態であったのと同様に、ルーマンにおいて〈できごと〉は時間と意味がそこではじめて生みだされる、やはり根源的事態にほかならない。

時間と意味は、このように、その根源的姿において、たえまなく生みだされたえまなく消え去っていく何かである。しかし、われわれは時間と意味があたかも在るかのように生きている、生きることができる。それはなぜか、が問題である。線としての時間のイメージを生みだす契機《モメント》はまだ明らかにされていない。ルーマンによれば、それは、〈できごと〉は他の〈できごと〉と結びつくことによってはじめて〈できごと〉となる、という事実に求められる。つまり〈できごと〉が〈できごと〉であるのは、他の〈できごと〉と結びつくということが、その中にもともと含意されているからだ、ということになる。そしてルーマンにおいて、「行為」とはこのような意味での〈できごと〉にほかならない。ここで「行為の接続」（行為の連鎖）という考え方が重要になる。

「時間の不可逆性は次から次へと消え去っていき、それをとどめることはできない。しかし選択によって、それはコンティンゲンツの形式の内にもたらされ、そこでとどまり、そして未来について何らかの言明が可能になる。そしてまさにこのために、行為が役立つのである」（Luhmann [1981a, TH:137]）とルーマンは述べている。「行為は他の行為の行為としてのみ行為である」（Luhmann [1981b,TK:246]）ということばからも明らかなように、行為は他の行為を指示するから、他の行為と結びつく一定のパターンを選択するから、つまり接続するから、行為なのである。行為という〈できごと〉に固有なもの（Eigenes）、それはまさにこの選択性である。この選択性は、選択として不可逆となるが、選択性として持続する、という。つまり、ひとつひとつの選択は選択するということにおいて次々と不可逆な点となる。これは瞬間の現在に対応している。しかし選択されて在ること、さらに選択を可能にする領域を開いて在ることとして、行為〈できごと〉はある「厚み」を、未規定性や開放性や可逆性を可能にする「厚み」を保っている。これは持続する現在に対応している。

この「厚み」を、あえてルーマンの言葉でいいかえれば「構造」ということになるだろう。構造は選択性の限られたレパートリーを未規定のまま開放しておく。そしてこの構造においてのみシステムは次々と生起し消え去る要素＝行為〈できごと〉を結合することができる。システムが時間化されたものとして現れるのが必然なら、システムがその内部に構造を生ぜしめ発展させるのもまた必然である。行為〈できごと〉はこのようにして円錐形としての時間のイメージを担っている。次々と不可逆にされる点としての〈できごと〉は円錐形の頂点としてのみ、つまりその底辺（厚み）を背景としてのみ接続の契機を得る。(16) ルーマンは、時間の不可逆性が接続可能となり、それによって未来を可能にさせるような仕方で拘束されることを、時間拘束（Zeitbinding）ということばでよんでいる。ここにはじめて伝達＝コミュニケーションの可能性が生じる。(17)

行為は、それが意図し呼び起こした接続行為の中に、その意図と目的（おわり）を単にみいだすだけではなく、その次、またその次の歩みに対してもなお意義を保ち、一歩一歩、新／旧間の新しい組み合わせを刺激する（Luhmann［1981a, TH:137］）。

行為は次々と接続されていく。行為が接続されていく、とはどういうことか。それは、その行為について決定がなされうるような諸選択肢のそのつどそのつどの布置がいっしょに伝達されていくということである。もちろん接続は瞬間的である。行為の接続は瞬間に現実化し、そのつど新しい状況をつくりだす。そこは「開かれた」領域だから、繰り返しも変化も可能なのだ。そこに最大限の自由が現出する。行為が世界の全体連関をそのつど貫いているということ、行為に自己指示性の基底性がみいだされるということ、それは行為という〈できごと〉に、システムが自らをなお自由に処理しうる契機がみいだされるということにほかならない[18]。そして行為が接続されていくということ、それはまた行為という〈できごと〉において生成し、生成した途端に消え去る時間（と意味）が、行為の接続可能性によって、次々とたえまなく伝達されていくということにほかならない。そしてこの「伝達されていく」という事態こそ、線としての時間のイメージを可能にする契機である。

われわれはここでハイデガーが性起＝Ereignisについて、それは自らの固有なものを保持するためにそれ自身をたえず脱け去らしめる、と語っていたことを思い出す。行為という〈できごと〉＝Ereignisも、それ自身をたえず脱け去らしめることにおいて行為たりうる。行為が接続するということは、まさにこのことをさしているのである。そして行為の接続という端的な事実性において、現在の「厚み」という矛盾がたえず許容され、忘却されながら[19]、システムは、いわば行為の連鎖の影だけを映しだす。システムは時間（と意味）を写すのである。「過去地平と未来地平において交錯する、〈できごと〉に結びついた時間パースペクティヴの連続的推移（ずれ）によって行為連鎖が生じる」（Luhmann [1981a, TH:132]）。こうして写しとられた時間の軌跡、それが「不可逆性のメタファー」で語られるような、仮象としての時間を生みだすのである。それは仮象である。システムに刻印された影は線となってわれわれの前に現れる。われわれはそこに時間の実在を信憑する。そしてあたかも時間が在るかのように生きるのである。

時間にとってもっとも根源的なもの、それは未来と過去と現在の共存という事態であった。この一見矛盾に満ちた事態が許容されるとき、はじめて時間が可能になる。ここに円錐形としての時間のイメージが生まれる根拠がある。われわれは時間が均質なものではないことを知っている。時間はけっして一様に整然と流れたりしない。伸びたり縮んだり、澱んだり走ったり、自由自在である。〈できごと〉に届けられる時間とはそういうものである。しかし〈できごと〉は他の〈できごと〉と結びつき、時間の不可逆性を次々と引き渡す。システムに写しとられた行為連鎖の影、ここに線としての時間のイメージが生まれる根拠がある。そしてここから、時計やカレンダーなど、いわゆる制度としての時間もまた生まれてくるのである。[20]

注

（1）直線としての時間表象はきわめて近代的な現象であって、それほど普遍的なものではない、という考え方もあるだろう。時間は、直線、円運動、ジグザグ運動などさまざまなイメージで表象されうる。しかし、時間を線として表象することは、やはりかなり根源的な現象だといえるのではないか（曲線にしても、折れ線にしても、線であることに変わりはない）。ここでは、あらゆる時間表象の根底に線としての時間表象を措定し、さらにそのような線としての時間のイメージを生みだすより根源的な事態として、未来・過去・現在の同時存在を考える。

（2）以下、ルーマンの時間論の考察は、主として、“Temporalisierung von Komplexität”（以下TKと表記）と“Temporalstrukturen des Handlungssytems”（以下THと表記）に依拠してい

る。

（3）「焦点深度」とはカメラ用語で、被写体のピントが合って見える範囲の距離のことである。焦点深度が浅ければ、映像を見る人はそのフレーム内の重要な被写体に集中し、フレーム内の他の被写体との関連は目に入りにくくなる。逆に焦点深度が深ければ、重要な被写体をめぐるさまざまな事実が環境としてとりこまれる。したがって「理論自体の焦点深度を深める」とは、その理論で切れる対象の範囲を拡げるということになるだろう。つまり従来までなら、メタ理論として気楽に切り捨てることのできた領域をも理論射程にとりこもうとするのである。ルーマンをメタ理論家とよぶことに抵抗を感じる人もいるかもしれない。しかしここでの強調点はあくまで彼が社会理論家であると同時にメタ理論家でもあるということ、つまり社会理論家としてメタ理論的領域にまで足を踏み入れたということである。ただし、もちろんルーマンにおいては、基礎づけるメタ理論／基礎づけられる社会理論という二元論はほとんど放棄されている。第四章でも詳しく述べるように、ルーマンの自己指示的システム理論は、社会理論を展開することが、必然的に認識論を含みこむような構成をもつにいたる、そういうものとして構想されていると考えるべきである。

（4）ルーマンの文体は難解である。ルーマンの理論についてさまざまな解釈が可能なのも、その文体、論述のスタイルにひとつの原因があるといえる。ルーマンの文章は、シュッツのように現象学的な記述が主というわけでもないし、演繹的理論モデルの構築に徹しているわけでもない。あえていうなら、「はじめに何もなかりき」＝「はじめにすべてがありき」という事態を、「はじめに自己指示性ありき」と言い換え、このすべてが同時に在るという事態を何とか記述しようとする試みだといえるだろう。もちろん、ルーマンの理論は、パーソンズの構造―機能主義を批判的に継承し、現象学やオートポイエーシスの議論を援用しながら構築された「体系的な」社会システム論である、ということができる。しかし本書では、そのような社会システム論そのものだけではなく、それを根底から支える彼の世界観・学問観により照準している。つまりこのような文体、このような語り口で、ルーマンは世界について何を語ろうとしたのか、を問題にしたいのである。ルーマン理論についてその論理的整合性の不備を衝いたり、自己矛盾を指摘したりすることはたやすいことかもしれないが、それがさほど意味のあることだとは思えない。それより彼の自己指示的システム理論の積極的な含意をさまざまな観点から描き出していくことのほうが生産的だと思われる。

（5）システムと要素の関係は、全体と部分の関係である。自己指示性とは個々の要素が全体に言及するということである。ルーマンによれば、システム全体を全体としてまるごと主題化することはできない。部分はけっして全体ではない。しかしシステム全体の統一はそのシステムの部分によって、そのシステムの部分に対してのみ明らかになるのである（Luhmann［1975:73］）。

（6）このようなルーマンの立論の仕方は「社会秩序はいかにして可能か」（Luhmann［1981b:195-285］）の中にもみられる。ここでルーマンは「社会秩序」に対する二つの古典的なアプローチ、全体論的（客観主義的）アプローチと個体論的（主観主義的）アプローチの学説史的検討を通じて、両者が依って分かれてきたる同じ地点にまで問題設定を掘り下げて、この対立そのものの無効化を図っている。

（7）ルーマンは時間という言葉を二義的に使っている。つまり「〈できごと〉の意味について現れる時間」という場合の時間と、「社会性を越えて経過する時間の引き離し」という場合の時間とを使い分けている。後者がいわゆる制度としての時間であり、前者がここで主として問題となるいわば「はじめて生成される」時間である。

（8）〈贈りもの〉Gabe、与えるとは元来贈ること、つまり一方的贈与のことである。

（9）　ハイデガーは、性起について、「性起は性起せしめる」といわれるのみであり、このことで実はわれわれは「同じことから同じことへ向かって同じことを言っている」のであり、「外見上はこのことは何も言っていない」、という奇妙な言明を残している（Heidegger［1969:24−5 = 1973:47］）。つまり性起という事態は、通常の「陳述命題」（SはPである、という主語−述語関係で言い表す命題）では語ることのできない事態、辻村のことばを借りるならまさに「思索の言葉が途絶する事態」なのである（辻村［1973:192］）。だからもしわれわれがハイデガーのことばを「陳述命題」として聞くなら、それはわれわれに何も語らない。「何も言っていない」ことになる。われわれはただ、彼のことばを「追随しつつ思索するための手掛かりとして不断に引き受け」、彼とともにその「思索の言葉が途絶する事態」から思索することができるのみである。なぜなら「性起は世界を性起せしめるが、まさしくそれ故に性起のもっとも自性的なものはそれ自身に留まっている」（辻村［1973:192］）からである。

（10）　われわれは、ルーマンの学的営為が、その深い水準において（単にEreignisという同じことばを使っているということではなく世界観や学問観というレベルにおいて）、ハイデガーの思想と共鳴する部分があると考えている。しかし、ルーマン自身はハイデガーの直接的な影響を認めていない。文献上でも『存在と時間』についてはいくつかの箇所で言及がみられるが、ここでとりあげた「時間と存在」については言及がみられない。したがってここではハイデガーの思想を考慮しながら、あくまでわれわれの視点からルーマンの時間論を再構成することになる。しかし本章のきわめて限られた考察からだけでも、その「共鳴する」部分について、ある程度のイメージを抱くことはできるはずである。

（11）　円錐形として時間を捉える視点はベルグソンにもみられるが、ここでは直接的な関係はない。

(12)　未来と過去と現在が同時に在るということは、われわれの日常生活の常識から考えると奇妙なことに思える。われわれは、線としての時間のイメージに立脚した、制度としての時間にどっぷり浸かっていて、過去は過去に在りそれを現在に取り戻すことはできないし、未来は未来に在りそれを現在に呼び寄せることなどけっしてできないと信じている。時間は不可逆に、整然と流れ去り、時計によって測られるのだ、と。しかし実は、われわれは日常生活のいたるところで、この円錐形としての時間に出会っている。夢中で何かをしているとき、本を読んだり音楽を聴いたり映画を観たり、あるいは気の合った友人とお喋りをしているとき、よくいうように時間はあっという間に過ぎ去っていく。しかしただ何かを待っているとき、駅の改札や会議室で人を待っているとき、病院の待合室やチケット売り場で順番を待っているときに見る腕時計は壊れているんじゃないかと思うほど進まない。あるいは「恋愛」に纏わる時間が、逢っているときであろうと離れているときであろうと、実に特殊な流れ方をすることは誰でも知っている。そのような時間がけっして時計では測れないことを、誰でも知っているのである。大切な人の死を知ったとき、あるいは「紅茶に浸したマドレーヌの匂い」によって一瞬のうちに過去の風景を取り戻したとき、それは未来と過去と現在の共存という根源的事態に触れる瞬間である。円錐形としての時間は、確かに日常的には隠されている、忘却されている。しかしそれは間欠泉のように、いつでも、どこからでも噴き出してくる。そのようなものとしてどこにでも転がっているのである。

(13)　よく知られているように、マクタガートは、出来事を時間的なものとして想念するときに使用される時間をA系列とB系列に分類した。A系列とは、出来事が過去にあるか現在にあるか未来にあるかを問題にする（つまり「すでに」「目下」「未だ」ということばによって表現できる）系列であり、B系列とは出来事の先後関係を問題にする（つまり「以前」「同時」「以後」ということばによって表現できる）系列である。そしてマクタガートは、A系列に関する事実はB系列に関する事実に還元することができないので（逆は可能）、前者の方が、つまり過去・現在・未来という系列が時間にとってより根源的な事態であると考えた。そして、ここから時間の実在性を否定する論理を導きだした。彼によれば、もし時間が存在するなら、すべての存在者について「過去である」「現在である」「未来である」という事態が可能でなければならない。しかしこのことは端的に矛盾であるので時間は実在しない、という（Mactaggart［1927/1968］）。しかしわれわれは逆にここから、ルーマンとともに、過去と現在と未来の同時存在という明らかな矛盾が許容されるとき時間がはじめて可能になると考える。

(14)　すでに述べたように、ハイデガーは性起については「性起は性起せしめる」＝Das Ereignis ereignet としかいうことはできないという。ルーマンにも次のような言い回しがみられる。「〈できごと〉において、〈できごと〉それ自体が出会わせられる」＝im Ereignis sich das Ereignis selbst ereignet（Luhmann［1981b, TK:242］）。ルーマンの〈できごと〉も「思索の言葉が途絶する事態」を表していると考えてさしつかえない。

(15)　二つの現在、瞬間の現在と持続する現在の関係はそれほど単純ではない。「繰り返し不可逆に過ぎ去るものの未来あるいは過去の経験によってはじめて、持続する現在――それはとどまるところをしらない不可逆性が入りこむところでそのつど始まりそのつど終わる――の遠い未来と遠い過去を投影することができる。現在の二重化は、すでに持続しさらに持続する現在に沿って瞬間の過去と未来を経験可能にする。また必要とあらばさらに遠い時間地平の投影によって、持続する現在はそこで時間化されうる」（Luhmann［1981a, TH:142］）ということばからもわかるように、両者の関係は相対的なものであり、持続する現在はいつでも瞬間の現在となり不可逆にされることがありうる。時間の不可逆性の構造は複雑で、いわば入れ子構造のようになっている。比喩的にいえば、円錐形には小さなものから大きなものまでさまざまである、ということだ。第四章では、死という経験を可能にするもっとも巨大な円錐形について主題化する。

(16) ルーマンにおいて「構造」概念は、オートポイエーシス理論や変動論と密接な関係をもつ重要な概念である。ただここで注意しなければならないことは、通常ルーマンが「過程」概念と対で用いる「構造」は、不可逆に措定された時間をすでに前提にしているということである。したがって「厚み」を「構造」と言い換えることは、本章における「時間生成」という視点からの別の解釈である。しかしルーマンは、「構造」概念を〈できごと〉概念と相補的に捉えているのでこうした解釈に無理があるとはいえない。

(17) もし「伝達されていく」ということが不可逆な継起性を示し、コミュニケーションが可逆性を示すと考えれば、伝達＝コミュニケーションと置くことは矛盾しているようにみえるが、けっしてそうではない。「瞬間の現在」と「持続する現在」がお互いを前提とし、同時に作用しあうことにおいて、はじめて「現在」たりうるように、「伝達されていく」ということ自体にすでにコミュニケーションが含みこまれているのである。ただルーマン理論を説明モデルとして読むなら（注4で指摘したように）、このことは循環論という批判を容易に浴びることになるだろう。

(18) ハイデガーによれば、性起は世界を性起せしめる。つまり性起せしめられたもの＝Das Ereignet は「一切の物の各々がそれ自身の自性を現すとともにその他の一切の物と連関している」（辻村 [1973:190]）世界にほかならない。行為が世界の意味連関全体を貫いている、というルーマンの「自己指示性」の概念が、このようなハイデガーの考え方と「共鳴する」部分であることは間違いない。

(19)　すでに述べたように、未来と過去と現在の共存は矛盾であるがゆえに、通常われわれの目からは隠されている。第五章で述べるように、こうした自己指示のあからさまなパラドクスの生成と脱パラドクス化を可能にするものが、〈できごと〉である。

(20)　「行為は〈できごと〉である」ということの含意は、行為が何か「もの」のような実体ではなく、そこではじめて時間や意味が生成され、その効果が一方で間主観的な意味 Semantik へ、そして一方で唯一普遍的な時間表象へと波及していくその瞬間の事態である、というところにある。このことを示すために、われわれはハイデガーの性起の概念を参照しつつ、ルーマン理論を時間生成の理論として読み直した。ルーマンの時間論をこのように再構成することはかなり強引な試みであるかもしれない。ルーマンは確かに通常社会理論家たちが語るよりは、時間について多くを語っている。しかしルーマン自身は時間生成について体系的、積極的に論じているわけではない。ルーマンが社会システムについて事象次元、意味次元、時間次元という三つの層に分けて語るときの時間は、システムがすでに時間を含んだものとして在る、ということを前提にしている。しかしそれでもルーマン理論を時間生成の理論として読むことができるということ、これは重要である。われわれはルーマンを〈メタ理論〉的志向をつねにそのうちに保持しつつ理論構築を行なう特異な社会理論家として位置づけている。そして「行為は〈できごと〉である」という言明に、理論自体の「焦点深度」を深めるという彼の意図を読みとる作業を行なった。ルーマンにとって認識論や生成論それ自体は問題ではない。社会理論の展開が必然的にそれらを含みこむことになる、その理路が問題なのである。〈できごと〉という事態に行為をみいだし、システムに不可逆性生産の契機をみいだす眼、それは社会理論家としての眼にほかならない。行為やシステムという社会学概念を駆使しつつ、世界について語るところにルーマンのルーマンたるゆえんがある。本書で呈示する――社会理論を〈メタ理論〉的に展開するという――ルーマン像は、あくまで一つのルーマン像にすぎないが、そうした試みを可能にする契機の一つとして、ルーマンが断片的に記した時間についての言明を、時間生成という一貫した視点から再構成するという本章の作業は有効であると思われる。

第四章　世界と〈できごと〉

1　自己指示的システム理論

ルーマンの試みを、われわれは社会理論の〈メタ理論〉的展開として読み解いてきた。それは、広い意味でのポスト・モダン的な状況と対応している。「近代的なもの」が揺らぎ「現代的なもの」が現れているというその現実を、どのような言葉で掬い取ることができるのか、それがルーマンの社会理論の根底にある動機の一つである。

現代の知の状況を、リオタールは「大きな物語の崩壊」として位置づけた（一九七九年）。「近代的なもの」を成立させてきた理論的な枠組みは、すでに指摘しているように、主－客二元論を中核とする、さまざまな二項対立であった。リオタールのいうモダン的状況では、ある科学的な知の営みはそれとは独立に、その営み自体を正当化する言説をもっていた。それは、たとえば、「理性的人間」とか「労働者としての主体の解放」、「富の発展」といったはっきりした価値体系をもつ大きな「物語」に守られており、その中で「知の営み」は安心して「ヒーロー」の役割を果たすことができた。しかし現代はそうした大きな「物語」が成立しにくい時代である。ある言説とそれを正当化する（基礎づける）「メタ言説」という二元論の境界は曖昧となり、そうした二項対立で現実を切り取ることがもはや困難になっている。

こうしたポスト・モダン的状況を彩る背景の一つに、形而上学としての哲学の衰退とよべる事情があることは確かだろう。近代哲学はその成立以来、形而上学批判を主題としてきたともいえる。特に二〇世紀に入ってからは、フッサール現象学やハイデガー哲学にその傾向が顕著に現れていた。そして周知のように、形而上学批判を標榜するそうした哲学が「形而上学批判」という名の「形而上学」である、という攻撃を受けている、それがポスト・モダン的状況でもある。

すでに述べたように（第二章）、フッサールは形而上学としての哲学を徹底的に押し進めようとした真摯な、正統派の哲学者である。フッサール哲学の特徴は、その問題と方法の一体性、不可分性にあるといえる。彼は、私という完全無欠な超越論的自我から他者という超越論的間主観性を構成しようという積極的な問題を立てたわけではなかった。むしろそうした問題の立て方自体が背理であること、私と他者の対立自体が無効であることを、その学的営為の展開のなかで、示そうとしたのである。独我論者が想定するような私は実は虚構にすぎない、私にはもともと「他者にとっての他者」という観念が含まれている。そうでなければ、私はすでに私ではない。しかしそうした事態ははじめは隠されている。それは超越論的現象学の徹底的遂行という過程のなかで、しだいに明らかにされていくほかはない。それは、さしあたって曖昧な私から出発し、後になって最初の想定が誤りだったということを、つまり他者から切り離された私はそもそも成立不可能である、ということを確認するというきわめて逆説的な試みである。なぜ逆説的なのか。それはおそらくその「問題」に対して、その「方法」があまりに形而上学的だからである。フッサールもまたそこに、従来の形而上学では捉えきれない世界をみていたのかもしれない。しかし彼はそれをあくまで西洋哲学の伝統的な形而上学に内在したかたちで開示しようとした。正攻法で押し切ろうとした。それはある意味では果敢な、もっともラディカルな方法であった。だからそこには形而上学のもっとも洗練された、尖鋭化された在り方が示されることになった。そしてだからこそ、もっともわかりやすい標的として「近代的なもの」の典型として批判を浴びることになったのである。

ハイデガー哲学では、事態はさらに複雑で微妙である。ハイデガーは「存在の意味への問い」を発する、やはり正統派の哲学者として出発した。しかし、その「存在の意味への問い」をどこまでも突き詰めていった結果、存在そのものが存在の無意味性のうちに消えていくという、きわめて逆説的な事態にぶちあたることになった。ハイデガーがそこに見いだしたのが、〈できごと〉(Ereignis、性起)であった。この〈できごと〉という概念は形而上学の歴史においてかなり特異な位置を占めるのではないだろうか。〈できごと〉には固有のものを所有させる働きが属している。〈できごと〉は時間と存在をそこで出会わせ、それぞれにその固有のものを得させるが、それ自体は、まさにそのために自らをたえず脱け去らしめるのであった。「現前の形而上学」という批判を浴びることになった現象学は、しかしここで「現前」という事態の半歩先に足を踏み入れているとはいえないだろうか。なぜなら、〈できごと〉は「現前する」とはいいがたいからである。それは、それ自身であるために、それ自身でないという契機《モメント》を常にそのうちに保持していなくてはならない。「それ自身であり、それ自身でない」とは、トートロジーでありパラドクスである。それは形而上学の伝統における通常の陳述命題としてはまったく意味をなさないような事態である。ハイデガーはそうした事態を、それでもなおわれわれのこの世界へ繋ぎ止めておくために、〈できごと〉ということばで、形而上学をぎりぎりまで追いつめ乗りこえようとしたのではないだろうか。そしてこうした試みのなかで、彼はしだいに学問や方法というものに懐疑的になっていく。〈できごと〉は学問や方法の間を摺り抜けていくものだからである。あれほど重要な形而上学的主題だった存在すら、〈できごと〉のうちに消え去っていくのである。

　ハイデガーは、このようなかたちで彼独自の形而上学批判を行なった。それはおそらく現代思想に対する影響力という点で第一級の重要性をもつものだろう。ハイデガーの思想――その世界観、学問観――は、メタ物語の崩壊という事態を先駆的に映し出すだけの深さを備えていたのである。すでに述べたように、〈できごと〉という概念には、ある世界観が決定的なかたちで示されている。

〈できごと〉は世界を出会わせる。そのためにできごとに固有の〈できごと〉性といえるものはそれ自身にとどまり、われわれの間を摺り抜けていく。出会わせられたものがすなわち世界である。そこではあらゆるものが、その固有のもの（自性）を顕しつつ、その他のすべてのものと連関している。つまり世界は〈できごと〉がそのつどそのつど指し示すものであり、それ以外のものではない。また〈できごと〉にはそのつどそのつど世界が顕れる。

　こうした世界観はそのまま、またルーマンのものでもある。ルーマンは、こうした世界観を「自己指示」（Selbstreferenz）という言葉で掬いだし、社会理論の根底に据えたのである。自己指示という言葉が意味するのは、世界を全体として、まるごと主題化できないという洞察である。社会理論の展開があり、その結果として認識論が産み落とされる。学問論（科学論）は学問することの後の成果、産物である。学問と学問論との関係の非対称性は、部分的にはいえるかもしれないが、全体としてはもはやけっしていうことはできない。ルーマンが認識論や学問論を問題とするのは、自己指示的な在り方をする世界から、学問や学問論それ自体を切り離すことはできないという洞察を、社会理論においても、いや社会理論においてこそ無視することができない、と考えるからである。逆にいえば、それはその限りで問題になるにすぎないということである。ルーマンの試みが野心的であるのは、それが、存在者の存在としての形而上学が前提としてきた実質的な共通性に代わるものを提示するという積極的な側面をもっているからである。ハイデガーは詩人となって〈できごと〉の彼方を見遙かす道を選んだ。ルーマンはあくまで社会理論家として〈できごと〉と世界の連

関を見据えようとするのである。(1)

ルーマンは、「社会学において、一般的・普遍的な理論問題を育てるときにのみ、一つの変化が期待されることになる。社会的な認識論は、そうした理論展開の副産物としてのみ生じうるのである」(Luhmann [1984:659]) という。この理論の対象は、最終的には、世界——の自己指示性——である。世界には、世界についての認識が含まれるのだから、世界を認識するということが、すでに自己指示的である。

ルーマンによれば、認識論の伝統的な前提に対して二つの新しい現象が認められるという (Luhmann [1984:653])。一つは自己指示の概念があらゆる種類の最終要素にまで拡がったこと、もう一つは、普遍的理論における対象研究はそれ自身についての研究を含むのでその研究はその対象から切り離せない、という洞察である。そしてこうした事態を踏まえたうえでなされる理論企図がオートポイエーシス理論であるという。「あらゆる種類の統一および要素の統一はオートポイエーシス的にのみ生産されるというテーゼによって、オートポイエーシス理論は、最終要素に基づけられたあらゆるシステムの、実質的な世界共通性の喪失を定式化している」(Luhmann [1984:653-4]) とルーマンはいう。オートポイエーシス理論は、あらゆる対象を自己指示的なものとして把握する。またそのような理論こそその理論に固有の自己指示性を開示することができるのであり、そうして展開された社会理論が必然的に認識論として現れることになるのである。

このオートポイエーシス理論は、世界をどのように定式化し、またどのように世界と〈できごと〉の連関を明らかにするのだろうか。ルーマンは次のようにいう。「オートポイエーシスは回帰的、ゆえに対称的、ゆえに非ヒエラルキー的に生起する」「人はある非対称、原因／結果関係、因果性、目的論、要素／集合関係、独立変数／従属変数の区別、類似などを利用できる。しかしそれは、システムが自らを自由に処理しうるという可能性を常にたえず覆い隠すことに依拠している。認識とは、システムにおける回帰的保護から生じる非ヒエラルキー的質である」(Luhmann [1984:654])。ルーマンにとって世界は、徹頭徹尾自己指示的なものである。それは不安定で不確定で恣意的である。世界には、ある意味で始まりも終わりもない。純粋な自己指示とは、「すべてが同時に在る」という事態、いわば循環性（トートロジー）の渦巻きのようなものである。それは瞬時に消え去ってしまうといってもいいし、無限に続いていくといってもいい。

そしてここでの問題は、それでもなお世界はわれわれにある秩序を備えたものとして立ち現れているということ、そしてわれわれはそれを認識し理解することができる、という点にある。つまり世界はいかにして可能か、そして認識はいかにして可能か、という問いである。「問題は、言語的手段によって、複雑な事態が同時に存在しているということを、われわれはいかにして十分に生みだすことができ、また同時に、言葉と理解の接続運動をいかにして統御することができるのか、ということである」(Luhmann [1981b:175])。われわれは、たとえば世界は無限の過去から無限の未来へと存続している、過去と未来は非対称であり、直線的な時間の流れの中で、結果は必ず原因のあとにくる、と思っている。それは動かしがたい前提であり、確かにわれわれは「非対称」や「因果性」を「利用できる」のである。しかし、「体験や行為の基礎となるあらゆる非対称性は、自己指示的循環における虚構である。それはいわば人工的に引き延ばされたものに偽装されていて、実践的な理由から有限なものとして扱われる」（Luhmann［1984:651］）のである。われわれが生きている世界にはあらかじめ何らかの秩序がある。単なる「循環性」の渦巻きや「混沌」がそのまま現れるということはない。というより、われわれは世界を秩序あるものとして認識する以外に、世界について理解するすべはない。われわれがこの世界に生きているということがそれ以外の意味をもつことはないのである。それは虚構（＝みせかけ）としてそのように現れている。体験や行為の基盤としてわれわれはいつでも、どこでも「非対称性」を利用する。「循環性」は隠されている。それはけっして排除されるのではない。ただ「使用され、展開され、脱トートロジー化される」のである（Luhmann［1984:649］）。

われわれがこの世界に生きて、考え、感じ、話し、書き、理解し、行為すること……そのすべてが自己指示＝循環性の使用であり展開であり脱トートロジー化なのである。(2) だからそのように現れた非対称性は「人工的に引き延ばされ」ていることになるのである。(3) われわれはそうして世界を不断に構成しつづけている。(4) このような不断の世界の生成、それがあってはじめて認識も可能になる。（厳密にいえば、世界の生成と同時に認識が可能になっている）。「こうした基礎的自己連関なしでは認識は崩れ落ちてしまう。その助けを借りてのみ環境を感じる構造、学問が現実と名づけたものから情報を得る構造が実現するのである」（Luhmann［1984:649］）。

ルーマンにとっては、世界に存在するあらゆるものがシステムである。あらゆるもの――システムとその要素――が自己指示的である。それは〈できごと〉という要素がシステムの――そして最終的には世界の――意味連関全体をそのつど貫いているという事態にほかならない。この不断に働きつづける対象の自己指示性を、学問の自己指示性が、自らの自己指示性としてみいだしていく、その過程自体、対象領域のなかに常に自己をみいだすということ、つまり「自己遭遇（出会い）」のたえざる発見、それが学問であり、同時に学問論（認識論）なのである。

世界はけっして閉じた、それ自体完結したものではない。ある水準、ある一定の範囲内という限定つきでしか、われわれは「非対称」や「秩序」を考えることができない。完結しているのは、純粋な自己指示の方であり、われわれはそれを常に「人工的に引き延ばされたもの」としてしか捉えることができない。この世界をどんなに完結したものとして捉えようとしても、ぎりぎりのところでその認識は挫折する。この世界の、あらゆる絶対性、あらゆる完結性の認識は最後の瞬間に必ず相対化されてしまうのである。

ルーマンの自己指示的システム理論＝オートポイエーシス理論は、世界と〈できごと〉の連関を見据える理論である。それは世界のどのような事態を、なにゆえに問題にするのだろうか。本章では、ルーマンの理論によって、「われわれが・世界を・経験する」という事態がどのように示されるのか、を明らかにする。

2 世界を経験するということ

ハイデガーは「何かを経験する」とは「それが私たちに遭遇し、それが私たちにぶつかり、私たちを投げたおし、変ずる」ことだという（岡田［1976:108］）。われわれはこうして不断に「世界を・経験する」。では、「世界を・経験する」とはどういうことか。つまり世界経験の本態とは何か。ハイデガーはそれを〈できごと〉（＝性起）として捉えた。〈できごと〉はいつでも、どこでも、不意にわれわれを襲う。世界経験は〈できごと〉の経験だから、それは時間の経験と切り離すことができない。

木村敏は「こと」の世界、「もの」の世界という言葉を使っている。木村によれば、自己とか自分とか私とよばれるものはもともと「もの」ではなく不安定で形をもたない「こと」＝「自分であること」である。「元来不安定な自己は、世界の側に安定の場を見出そうとする。ところがことの世界は自己の支えになるどころか、自己の不安定さをますますあばき出すことしかしない。だから私たちの自己は、ことの現れに出会うやいなや、たちまちそこから距離をとり、それを見ることによってものに変えてしまおうとする」（木村［1982:9］）。「こと」の経験は客観と主観の間にある。「こと」は見ることができない。しかしわれわれ人間には「こと」を経験する感性といったものが備わっているのだ、という。そして木村は離人症患者の特異な時間体験をいわば「こと」的経験——

―したがって「こと」的時間体験――の欠落として捉えている。離人症のある患者は次のような独特な時間体験をもっているという。「時間の流れもひどくおかしい。時間がばらばらになってしまって、ちっとも先へ進んで行かない。てんでばらばらでつながりのない無数のいまが、いま、いま、いま、いま、と無茶苦茶に出てくるだけで、なんの規則もまとまりもない」（木村［1982:27］）。時間の流れ方がおかしいというこの患者の訴えを、われわれはどのように理解すべきだろうか。

われわれは通常あたかも時間が在るかのように生きている。しかし時計やカレンダーに代表されるいわゆる客観的時間――それは線としてイメージされる――は、制度としての時間であり、いわば仮象である。時間は、いま、いま、いま……という積み重なりで成立するのではない。すでに第三章で明らかにしたように、瞬間はいくら集めたところでけっして線にはならない。現在は、それ自身の内に過去と未来を、「過去から未来へ」「未来から現在へ」「現在から過去へ」……つまり「――から――へ」という事態を可能にする「厚み」を保持していなくてはならない。現在には過去と未来が同時に含まれる。この過去・現在・未来の共存という事態が時間にとってもっとも根源的なものである。そのような事態が可能になるとき、はじめて「いま」が「いま」たりうるのである。これがハイデガーのいう本来的時間としての現在である。現在とは、われわれ人間に向かってきて、たえずとどまることを意味する。「現前すること」は、未来と過去と現在が相互に届けあうという仕方において、届けられる。そこにはじめて本来的時間の時空が開け、この開かれた領域に存在が送られるのである。こうしてハイデガーにおいては、存在が時間の側から、存在というものそれ自体が「時間」であることが、開き示された。そしてハイデガーはこの時間と存在の両者を「それらの固有のものの内へ、すなわちそれらの共属の内へ定めているもの、それを私たちは性起と名づける」(Heidegger [1969:20 = 1973:38]) という。この性起=〈できごと〉という事態が彼のいう「それが与える Es gibt」ということである。

ハイデガーは存在者という「もの」のなかで、唯一「こと」的在り方を了解することのできる人間から出発して、存在という「こと」の解明に向かった。そこで彼は時間と存在(意味=ことば)の源泉である〈できごと〉に出会った。人間は、この〈できごと〉という事態の内に所属し、それを不断に引き受けていく者として、はじめて人間たりうる。人間という固有なものの内には、時間を可能にする契機《モメント》、存在を意味としてこの世界に繋ぎとめておく契機が含まれている。この〈できごと〉の真只中に佇みつつ、人間はそこで生成されつづける時間や意味を〈できごと〉から切り離し、いわゆる唯一絶対の時間表象(直線としての時間のイメージ)や意味表象(ゼマンティーク)へと織り上げる。われわれはこうしてしばし世界に安住する。しかしこの世界を貫いているのは、あくまでそのつどそのつどの〈できごと〉にほかならない。「切り離し」はいわばみせかけにすぎないのである。

木村は離人症患者の特異な時間体験は「ものがことから遊離し、存在論的差異がそれとして実現されなくなっている」状態だという。そこでは「いまはものとしてすらその厚みと奥行きを失い、無数の断片に分解されて、時間の動きが消滅してしまう」のだ、と(木村 [1982:53])。つまり、もの的世界を背後から支えていた豊かなこと的世界が欠落してしまった結果、ものすらものとして存在しえなくなっているということである。しかしもちろんもの的世界とこと的世界のあいだに何か実体的な境界があるわけではない。したがって、木村のことばを、ハイデガー‐ルーマンの時間論というわれわれの文脈で解釈すれば、離人症患者がこと的世界を消失してもの的世界に住んでいる、というういい方は正確ではない。むしろ逆に、離人症患者はこと的世界にあまりに敏感でありすぎるために、つまりこと的世界をあまりに過剰に生きているために、通常人々が何の苦もなく行なっている「切り離し」の作業がうまくできないのだ、と考えられる。ここではこの「切り離し」の作業を「忘却のメカニズム」とよんでおく。離人症患者は、〈できごと〉をこの世界へと架橋する「忘却のメカニズム」が正常に機能しなくなっているのである。

〈できごと〉とは、そこではじめて時間や意味が生成される、すぐれた意味での事態であった。そこでは現在と過去と未来が共存するという明らかな矛盾が可能になっている。それは矛盾であるから通常は忘れられている。われわれは通常「忘れる」ことによって世界を受け入れている。この忘れるということがすなわち、ルーマンの文脈では脱トートロジー化＝脱パラドクス化ということになる。もちろん正常／異常の区別は相対的なものにすぎない。そこにははっきりとした断絶があるわけではなく、紙一重で連続している。だからこそ離人症や分裂病などの神経症／精神病患者のさまざまな言動から、われわれは実に多くを学ぶことができる。彼らのことばに耳を傾けると、逆に、正常であるという事態がいかに脆い、奇跡的とよびうるほど微妙なバランスの上に成り立っているかを思い知らされる。正常であるということは、偶然にすぎないのである。

われわれは、〈できごと〉という世界経験の本態を忘れることによって、はじめて世界を経験している、といえる。これはきわめて逆説的な事態である。忘れることによって経験できる世界、それはいったいどのようなものなのだろうか。まずここでルーマンの「二つの現在の同時作用」という考え方を想い起こしておこう。彼によれば、システムは「瞬間の現在」と「持続する現在」という二つの異なる現在の様式を自由に駆使することによって、はじめて時間を可能にする。二つの現在は、常にお互いを前提とし、同時に構成される。この二つの現在の同時作用を可能にするのが〈できごと〉という事態である。なぜならそこでは過去と現在と未来の同時存在という明らかな矛盾が許されているからである。〈できごと〉には不可逆になることと、不可逆にする作用が同時に属している。すでに述べたように、「瞬間の現在」という点がいくら積み重なっても線としての時間にはならない。そこには不可逆になることをとどめておく「厚み」がどうしても必要なのである。〈できごと〉に届けられる根源的な時間のイメージは、円錐形として描くことができる。つまり「瞬間の現在」という一点を頂点とし、「持続する現在」という「厚み」の拡がりを底辺とするような円錐形である。時間の原形はこのボコッ、ボコッとした円錐形であり、瞬間瞬間の時間の流れをカバーする極小のものから、人間の一生の時間を呑みこむような——あるいは人類の歴史を一瞬のうちに過ぎ去らしめてしまうような——巨大なものまで、さまざまな大きさが揃っている。そして現れたと思ったらたちまちのうちに消え失せる。二つの現在の関係は複雑で、いわば入れ子構造のようになっている。「厚み」である拡がりは、点となり不可逆となる契機を常に自らの内に含みもっている。

ルーマンは過程を「不可逆に生成する〈できごと〉の連鎖」として捉えている。しかしこの過程はいつでも中断されうる。〈できごと〉は他の〈できごと〉と結びつき、次々と連なっていく。「連なっていく」という事態が映しだす影に、われわれは直線としての時間表象を見るのである。しかし次また次と不可逆になることにおいても、過程は可逆性を伴っていく。なぜなら、「次また次」という経過に差し向けられているからといって、必ずその経過に入らねばならないということはないからである。「経過の中断において、過程はそれまでの遂行の意味をさらにまた変えるのだ――死が全生涯の意味を新しく価値づけるように」（Luhmann［1981a, TH:136］）とルーマンはいう。このことばの意味をわれわれはどのように解釈することができるだろうか。

死というのは不思議な現象である。この世界には、死についての言説が溢れている。しかし考えてみれば、この世界に存在する人は誰一人として死を経験していない。それでも――後に述べるように「それでも」ではなく「それなのに」かもしれないが――、死をめぐる言説は絶えることがない。死はまるでブラックボックスのように、死についてのあらゆる言説を呑みこみ、自らはけっしてその姿を明らかにしないかのようだ。死ぬ瞬間に人は自分の一生を一瞬鮮やかに蘇らせる、とよくいわれる。誰も一度も「死んだ」ことはないのだから、このことは誰にも論証することができない。しかし「死が全生涯の意味を新しく価値づけるように」というルーマンのことばから、われわれはこの死という現象の〈できごと〉性を浮かび上がらせることができる。つまり死という現象は、〈できごと〉の体験として、人間が経験できるもっとも巨大な円錐形として捉えることができる。死――という〈できごと〉――は、人を、不意に、襲う。死ぬ「瞬間の現在」を頂点としたとき、その人の全生涯は「持続する現在」として拡がり、その底辺を形づくる。彼は突然、巨大な円錐形に呑みこまれ、その真只中に立たされる。それは、彼に「ぶつかり」、彼を「投げたおし」、彼を死へと「変ずる」、まさに死の「経験」である。

世界を経験するということは、〈できごと〉を体験することである。〈できごと〉はそのつど世界を貫いているのだから、〈できごと〉の体験とよばれるものは、もちろん稀な、特殊なものではない。日常的に、どこにでも転がっているものである。われわれは、いつどこででも、円錐形としてイメージされる時間に出会うことができる。われわれは日々制度としての時間にどっぷり浸かって暮らしているが、しかしそれでも時間が、いつでも、誰に対しても、同じように整然と流れていくものではない、ということを知っている。何かに夢中になっているとき、時間は足早に通り過ぎていく。時間の歩みは、私の意識の網の目を摺り抜けていき、私はその足音に気づかない。誰かを待っているとき、時間は一歩一歩、ゆっくりと、その足跡を刻みつけるかのように過ぎ去る。一秒一秒の時間の相貌まではっきりと見えるようだ。そのような時間は、けっして規則正しく、無表情に流れていくわけではない。「時計」で測ることのできない時間があることを、誰でも直感的によく知っているのである。〈できごと〉は、このような時間の体験とともにある。

〈できごと〉の体験は、日常生活のいたるところに隠されている、といっていい。しかし隠されているということはどういうことか、それが問題である。なぜなら〈できごと〉それ自体は、いかにしても摑まえることはできないからである。〈できごと〉の体験とよばれているものは、シュッツの「本質的に直接的な体験」という概念に重なる。それは「体験した」という形式は残るが、「何を、どのように」という内容それ自体は残らない、そういうものだといえる。しかしわれわれは、今ここの時に、確かに〈できごと〉の円錐形の真只中にいる、という感覚に囚われることがある。また、〈できごと〉の体験は、さまざまな芸術作品の中に描きとめられ、われわれが現実に享受できる、ということもある。このことは、よく考えてみれば不思議なことである。〈できごと〉は生成し、生成した途端に消え去る。それなのに、われわれは、〈できごと〉の体験や〈できごと〉をめぐるさまざまな言説に、どれほど強く関わっていることか。

問題は、「それなのに」というところにある。〈できごと〉がまったく「彼岸」に位置するものなら、われわれはそれについて知ることも、語ることもできないはずである。しかしわれわれは、現実によく知っているし、語っている。それはいかにして可能なのか。これこそがルーマンの問いでもあった。これと同型の問題はいたるところに転がっている。たとえば「言語ゲーム」について、それは、現にわれわれが行なっていることであり、そのすべてについては何も語ることができない、言語ゲームのすべてを主題化することはけっしてできない、といわれる。

確かに、言語ゲームについてのさまざまな言説は、言語ゲームを部分的に主題化しているだけかもしれない。しかし「言語ゲームはそれ自体主題化できない」という言明は、事実言語ゲーム全体、、について何かを語っているのではないだろうか。そうした言明は事実可能であり、そうした言明をめぐるどのような議論も事実可能なのだ。たとえば、光速度で離れ去る宇宙の星々について、それがわれわれの宇宙の限界であり、光の九九％の速度で離れていく星々は、光速度になった瞬間、われわれとは無関係になるのだ、といわれる。その通りかもしれない。しかしそれでもわれわれは、その光速度で離れていく星たちに、その星たちの遙かかなたに拡がる宇宙に、思いを馳せることはできる。そしてその「思いを馳せること」はけっしてわれわれのこの世界と無関係ではない。重要なのはこの点である。(5) また逆に、なぜわれわれは〈できごと〉の体験にずっと、永久にとどまっていることができないのか、といった問題も、こうした問題《プロブレマティーク》群の一角を成すことになる。一瞬我を忘れることはある、しかし永久に我を忘れることはできない、ということである。(6)

3　〈できごと〉の影

〈できごと〉の体験が、どのようにこの世界に繋ぎとめられてきたか、そのもっともありふれた事例を一つ示してみよう。

その時私の受けた第一の感じは、Ｋから突然恋の自白を聞かされた時のそれと略《ほぼ》同じでした。私の眼は彼の室の中を一目見るや否や、あたかも硝子《ガラス》で作った義眼のように、動く能力を失いました。私は棒立ちに立竦《たちすく》みました。それが疾風の如く私を通過したあとで、私は又ああ失策《しま》ったと思いました。もう取り返しが付かないという黒い光が、私の未来を貫いて、一瞬間に私の前に横《よこた》わる全生涯を物凄《ものすご》く照らしました。そうして私はがたがた顫え出したのです。

これは夏目漱石の有名な小説『こころ』の中の一節である。ここには、ある決定的な〈できごと〉の体験が書きとめられている。「私」が、「黒い光が、私の未来を貫いて、一瞬間に私の前に横わる全生涯を物凄く照らしました」と書くとき、それはおそらく、このことばに尽くしきれるはずもない体験であるだろう。この言葉の一つ一つは、文学の世界だからこそ僅かに映しとることのできた、いわば〈できごと〉の影である。文字通り、一瞬のこと、一陣の風のように、駆け抜け、終わったこと。しかしその一瞬間が、「何かあった」という体験の記憶が、すなわち「黒い光」が、確かに「私」の人生を変えた。その瞬間に、それまでの「私」の人生の意味がまったく変貌を遂げ、それからの「私」の人生を、定められた「死」へと抗いがたい力で押しやる未来のすべてが見えたのである。

したがって決定的なものは〈できごと〉それ自体ではなく、〈できごと〉の影、この世界へと繋ぎとめられた、いわば記憶としての〈できごと〉である。だからこそこの一節に続く

それでも私はついに私を忘れる事ができませんでした

という一行が重要な意味をもつのである。「私」とKは親友であり、下宿の御嬢さんをめぐる恋敵でもあった。「私」はKの気持ちを知って、焦り、悩んだ末、抜け駆けをしてしまう。Kが自分の裏切りを知ったことに気づいた「私」が、事態を説明しようかどうか迷っているうちに、Kは自殺してしまったのである。「その時」とは「私」が夜中にふと眼を覚まし、少し開いていた仕切りの襖からKの室を覗きこみ、Kの自殺を知った「その時」である。その時、それでも「私」は私を忘れることが出来なかった、という。「私」は次の瞬間、机の上に置いてあった遺書の封を夢中で切っていた。そしてそこに自分の裏切りについては何も書かれていないことを確認し、「助かった」と思うのである。これで奥さんや御嬢さんに軽蔑されずにすむ、とホッとしたのである。

「私」は「その時」、まさに「その時」を頂点とし、彼の全生涯を底辺とするような巨大な〈できごと〉の中に立ち竦んでいた。(7) それは、死の経験であり、また世界の経験でもある。「その時」、「黒い光」の中で立ち竦んだまま、「私を忘れること」ができたとすれば、それは「私」が「私」でなくなった、ということを意味するだろう。「私」が「私」である以上、「私を忘れること」はできない。「私」は、〈できごと〉を忘れなくてはならない。ここで働いているのが「忘却のメカニズム」である。われわれ人間には、人間である以上、〈できごと〉をこの世界へと架橋するメカニズムがそもそも備わっているのである。それによって「私」は不断に「私」でありつづけ、そのつど生成されては消え去っていく〈できごと〉、すなわち世界の源泉である意味と時間を、影として映しとり、世界へと織り上げる。すでに述べたように、離人症患者の特異な時間体験は、この「忘却のメカニズム」の機能に狂いが生じ、〈できごと〉を忘れることができない状態、つまり私であること＝私のアイデンティティがバランスを崩している状態だと考えられる。

われわれは〈できごと〉そのものを摑みとることはできない。だから「世界を経験するということは、〈できごと〉を経験することである」とは、厳密な意味ではもういえないのかもしれない。そういってしまったとき――そう認識したとき――、すでにそこで何かがずれている。われわれは〈できごと〉を影の記憶として、世界に取り込んでいる。そのようなかたちでしか取り込めない。そうした事実を、「忘却のメカニズム」や「脱パラドクス化」、「脱トートロジー化」という言葉で掬い取ろうとしているのである。〈できごと〉としての世界をわれわれは不断に生きている。しかしそこから「生きている」ということ、〈できごと〉、つまり〈できごと〉そのものを取り出そうとしても、できない。それは眠りに入る瞬間を捉えようとしてもできない、というのとよく似ている。摑まえたと思ったとき、それはすでにわれわれの指の間を摺り抜けている。生きているということと、「生きていること」として把握されたものは、常にすでに、ずれている。(8) この不断に生成されつづける「ずれ」が、世界におけるあらゆる経験を可能にさせると同時に、そのあらゆる経験の認識を最後の瞬間に挫折させるのである。(9)

注

（1）ルーマンが自らの理論と認識論の関係をどのように捉えていたかについては、『社会システム論』（Luhmann［1984］）の第一二章に詳しく述べられている。

（2）世界の自己指示的構造、脱トートロジー化については、第五章でさらに詳しく述べる。

（3）人工的に引き延ばされている、とはどういうことだろうか。ここで誤解をおそれずに大胆な比喩を使うなら、「自己指示」や「循環性」とは、二次元の世界しか知らない人にとっての三次元の世界のようなものだ、といえるだろう。二次元の世界しか知らない人がいたとしよう。その人は、たとえば球とか円柱といった立体がどのようなものかについて、何のイメージももちえないだろう。われわれが球や円柱について理解していることを、そのまま理解することはおそらくできない。しかしそうした立体の射映としての円や長方形、あるいはその展開図を見て、それをそうしたものとして（その限りで）理解することはできる。この場合、三次元の世界は二次元の世界とまったく何の関係もない、というわけではなく、そのような影として入りこんでいる、といえる。われわれは、二次元の世界しか知らないわけではなく、むしろ三次元の世界に生きながら、そのことを忘れている、そして二次元の世界に映し出された影によって、世界を不断に構成しつづけている、そしてその世界を前提にあらゆる営みがなされている、そういったほうがより正確かもしれない。

（4）本書ではルーマンにおける「構成」の概念を、フッサール現象学における「構成」Konstitution の概念に生成論的な視点をとりこんだものとして解釈している。つまり、すでにあるものから何か別のものを新たに「つくりだす」という意味ではなく、世界を「ただそこにそう在るもの」

として捉えるだけではなく、「すでに不断に生成されて在るもの」として捉える、という視点である。フッサールも晩年になって構成的現象学から発生的現象学への道を模索しているが、本書ではルーマンの構成概念をこの線に沿ったものだと解釈し、ルーマンの「ラディカル構成主義」を社会生成（構成）論的とよぶことにした。

(5)　この世界には、「わかるはずのないことが、なぜかわかってしまう」という構造が確かにあるように思われる。そしていうまでもなく、本章（本書）の論述自体がそうした問題群の射程内にある。「〈できごと〉や自己指示はそれ自体けっして摑みとることができない」といって、〈できごと〉や自己指示についてまさに語っているのである。

(6)　ここでは「忘れる」という言葉が二重に使われている。「我を忘れる」とはつまり〈できごと〉を一瞬垣間見ること（垣間見たという記憶を残すこと）を意味している。そのとき、〈できごと〉は忘れていないのである。

(7)　「その時」、私は〈できごと〉の真只中に在って、〈できごと〉を経験している。それは死という〈できごと〉である、とさしあたっていうことができるだろう。〈できごと〉は、過去・現在・未来の同時存在が可能になっている場所である。「その時」は、「瞬間の現在」すなわち現在の一瞬間であると同時に、私の全生涯の始まりという過去の一瞬間、その終わりという未来の一瞬間を同時に含みこんでいる。「その時」、未来の死を、すなわち未来の死へと向かう人生のすべてを、「私」は確かに「見た」。そしてその痕跡をこの世界へと繋ぎとめたのである。それは、現在の、現実の死ではなかったが、正確に「死の経験」といいうるものであろう。「死の経験」という言葉が、それ自体矛盾に満ちている。この世界に、現実に死んだことのある人、つまり死を経験した人はいないのに、死についての言説は溢れている。「わかるはずのないことが、なぜかわかってしまう」という端的な事例がここにある。死についての言説のすべてが、単なる想像やつくりごとだと言い切ることはできない、われわれは時としてそうした思いに囚われる。「死の経験」が〈できごと〉であるとき、この世界とまったく無関係であるはずの死という彼岸と、われわれは何らかの関係を結ぶことができるのではないか。それはわれわれが〈できごと〉という裂け目を介して、常にすでに、世界を構成している、ということを示すものではないだろうか。

(8) 「ずれ」という言葉は、この世界とは何か別に、「本当の」「真正の」世界があるということ、世界が二つあって、その二つの世界の間に「ずれ」があるということ、を意味しているのではない。第五章以下でさらに詳しく明らかになるように、パラドクス(トートロジー)と脱パラドクス化(脱トートロジー化)というルーマンの用語は、正確に同じ事柄をさしている。世界は「ただそこにそう在るもの」でありそれ以外のものではない。そのように「在る」ということを、一つの驚異、一つの奇跡として捉える視点が、「ありそうなもののありそうもなさ」というルーマンの世界観を支えているのであり、それがルーマンの理論における生成論的視点そのものなのである。

(9) 世界の自己指示的構造が社会理論の「問題」とならざるをえないという現代の状況は、不断に生成されつづける「ずれ」を不断に隠蔽する装置——近代において強力に機能していたその装置——が機能不全に陥りはじめたことを示しているのかもしれない。それは本章の冒頭で述べたように、「大きな物語」の衰退、「基礎づけるメタ理論‐基礎づけられる理論」という二項対立図式の崩壊の兆し、というポスト・モダン的状況に対応している。たとえば村上春樹のいくつかの小説は、「これ以上先に行ってしまったらもうそれは小説とはいえない」というぎりぎりのところ、「小説」と「反小説」のわずかの隙間に成立しているように思える。小説という文学ジャンルは「近代的なもの」の典型であった。近代的自我の成立とともに近代「小説」というジャンルが確立し、われわれはその制度が次々とつくりだす作品を、われわれの現実を映す一つの完結した、閉じた「物語」として享受してきた。しかしたとえば村上春樹の『世界の終りとハードボイルド・ワンダーランド』という小説は、そんな「完結性」がみせかけにすぎないということをいとも簡単に解らせてくれる。『世界の終りとハードボイルド・ワンダーランド』は「終わり」のない物語である。それはどうやってもけっして終わることができない、そういう構造をもつ物語である。そこに世界の自己指示的構造が、いわば透けて見えてくる。この物語の主人公である「僕」＝「私」は、「世界の終り」とよばれる彼だけの意識の世界にも、「ハードボイルド・ワンダーランド」とよばれるわれわれの住むこの世界にも、そのどちらの世界にも安住することができない。「世界の終り」へと収斂していく「僕」の意識と「ハードボイルド・ワンダーランド」に残されつづける「私」の身体は、永遠に引き裂かれつづけながら、終わりのない世界を彷徨いつづけるしかない。ここには、現代社会のあるリアリティが映し出されている。ルーマンの自己指示的システム理論は、こうしたリアリティを掬いとろうとする理論である。

第五章　観察と他者性

1　観察者＝行為者

「観察」Beobachtung という言葉に、われわれは通常何か「科学的である」という含みを感じとる。その感覚は、たとえば、月の満ち欠けの時刻を記録し、刻々と変化する月の姿を描きとめる、といった素朴なものから、バイオテクノロジーにおける遺伝子組み換え実験の観察・記録といった最先端のものにいたるまで、同じように拡がっている。何かを観察し記録する、ということは、その何かを、観察する主体であるわれわれ（観察者）とは切り離して、いわば客観的なものとして措定することであり、それが「科学的である」とされる。この場合、観察とは「外部から」の観察であり、観察者とは世界を客観的に観察する科学者ということになる。つまり、観察する観察者が、観察される世界に対し外在し、その存在が世界の在り方に何ら本質的な影響を与えない、とされている。このように、観察や観察者の概念は、主として自然科学の文脈で用いられ、科学者（観察者）の方法的態度との関係で問題にされることが多かった。

しかし、観察・観察者の概念は、M・ヴェーバーの理解社会学の伝統を引き継いだシュッツの学的営為以降、以上のような自然科学的な含みがしだいに薄められ、社会科学的な独自な視点から用いられるようになった。それは、ひとことでいえば、「観察者を行為者とみなす視点」である。[1]とりわけ、ルーマンは、その後期の著作、論考の中で、観察、観察者、自己観察、観察の観察、といった概念をかなり積極的に、また体系的に用いて理論展開を行なっている。ルーマンは、こうした諸概念を、きわめて特異な意味あいで使っている。ルーマンによれば、観察とはわれわれのあらゆる営み（経験）そのものであり、観察者とはわれわれ行為者そのものである。ここには、すでに何度も言及しているように、観察する主体と観察される客体という二元論を前提としない、ルーマン独自の世界観が反映されている。ルーマンの理論においては、われわれが「観察」という言葉から通常想起するようなさまざまな意味あいがことごとく払拭されている。そこには、理解社会学の伝統に端を発する「観察者を行為者とみなす視点」が徹底・純化したかたちでみいだされる一方、「観察」概念がきわめて高度に抽象化され、原理的な水準でその理論展開に重要な意義を果たしている。本章では、このような含みをもつものとしての「観察」概念をとりあげ、現代社会理論において観察・観察者の概念がどのような意義・重要性をもっているのか、その理論的・事実的な含意を、主にルーマンの理論を参照しながら考察する。

まずはじめに、「観察者を行為者とみなす視点」とはどのようなものか、いいかえれば観察者が「世界-内-存在者」としての行為者である、ということの意味を、理解社会学の文脈の中で確認することによって、観察・観察者の概念の意義を「世界との関わり方」という観点から明らかにしていこう。

自然科学においては、すでに述べたように、これまで（また現在においてもたいていの場合は）、さしあたって「私（主体）が世界（客体）を観察する」という図式が受け入れられてきた。そのとき「私」は、世界の中に存在はしているが、世界とは嚙み合わない歯車だとみなされる。しかし周知のように、量子力学における観測者問題を想起すれば、現代物理学という自然科学の領域においても、いわゆる客観的世界が観察者とまったく切り離されて成立している、と素朴に仮定するわけにはいかなくなっている、ということがわかる。古典物理学が、素朴に「外部から」の観察を前提にしていたのに対して、量子力学では、観察者と観察の対象の双方を含んだ全体に対する「観察」を問題にしなければならない段階に達している。つまり自然科学においても、「私」が世界の中にいる、という事実を無視することができなくなったのである。主観的世界と客観的世界の対立を単純に二元論的に捉えるのではなく、たとえば、「主観的」世界の成立がまず基盤にあり、そこからある屈折をへて客観的世界が擬制される、と考えたりする。その場合、論点はこうした擬制がいかにして可能か、というより複雑な問題へと移行する。

ここでは直接このような問題には触れないが、われわれにとって興味深いことは、自然科学においても社会科学においても、主観的／客観的といった単純な二項対立を脱しつつある理論状況において、「主観的」という言葉の含みがどのように変化しているか、ということである。人と人との相互作用、理解やコミュニケーションといった場面に定位する社会科学では、当然、自然科学における「外部から」の観察ではない、「文脈における」観察とでもいうべき視点を当初から採り入れていた。

ヴェーバー－シュッツという理解社会学の展開の中で画期的だったこと、それは、他者の心（思念される意味）を不可知の領域としてその対象から外したことである。「彼は本当はこう考えている」、あるいは「彼女の真意は実はここにあったのだ」というときの、「本当は」「真意」「実は」ということばは、理解社会学では、実はまったく機能していない。「彼の考えていること」そのもの、「彼女の真意」といわれる事柄そのものには到達不可能である、というのが前提である。問題は、「彼の考えていることだと、われわれが考えること」、あるいは「彼女の真意だと、われわれが考えること」なのである。他者によって「思念される意味」はこうして客観的意味連関へと組み入れられ、他者理解の営みが社会「科学」の体裁を得ることになった。社会科学者は、人々の行為を観察し、記述し、解釈する。しかし、この場合の観察は、明らかに「外部から」の観察とはいえない。社会科学者が、観察者として、「彼の考えていることだと、われわれが考えること」を、「彼女の真意だと、われわれが考えること」を剔出しようとするとき、そこにはある特異な視点が働いているからである。それが「観察者を行為者とみなす視点」である。(2)

では「観察者を行為者とみなす視点」とは具体的にどのようなものか、理解社会学の文脈の中で考えてみよう。第一章で明らかにしたように、シュッツの他者理解論によれば、われわれは他者との相互作用の場面において、まず純粋な〈われわれ関係〉＝「私と他者たちとの共存」という虚的形式のうちに相手を位置づける。われわれは、ある人に出会ったとき、その人を具体的な名前をもつ、世界にただ一人存在しているある個人として把握するほかないのだが、その把握には、その把握に先立って（あるいはその把握とともに）、その人が「私と同じような（身体や意識の流れをもった）人間である」という端的な事実に対する了解が含まれている、ということである。そのような虚的形式が、あらゆる社会関係の成立に先立って（あるいはあらゆる社会関係の成立とともに）与えられている、という主張は、私と他者が先に在るのではなく、あくまで「われわれ」が先に在る＝「私」がすでに「われわれ」を生きている、という社会的世界の基本構造を示すものである。またそれは同時に、われわれのここでの考察、すなわち「なぜ、観察者は観察者であると同時に行為者であると理解されなければならないのか」という問いに答える最初の手がかりを与えてくれるのである。

われわれがある人に出会ったとき、その人を、常にすでに、自分と同じような人間だとみなしてしまっている、ということはどういうことか。それは、われわれが、ウィトゲンシュタインなら

「魂に対する態度」とよぶようなある態度で他者に接しているということを示している。われわれは、日常生活において、他者のふるまいや表情などを、単なる物理的現象（＝客観的出来事）として、見たり聞いたり、記述したり理解したりするということはない。たとえば、われわれは誰かが「玄関のベルを鳴らしている」のを見たとき、それを否応なく、「玄関のベルを鳴らしている」という「一つ」の（「訪問」という）行為として、常にすでに、見てしまっている。そこで生起している物理的な現象を、たとえばもしロボットなら、「〜kgノアル物体ガ南西に向かって〜m移動シ、ソノ物体カラ棒状ノモノが〜度ノ角度デ上昇し、ソノ先端ガベルニ接触シ、〜秒間ソコに止マッタ……」などと記述するかもしれない。それは「外部から」目にはいる物理的な現象の描写には違いない。しかしわれわれは、そのような現象を、まるで「木の葉が枝から落ちる」さまを見るように、見ているわけではない。

また、たとえば、「痛み」という感覚について考えてみよう。われわれは、ある人が二階のベランダから落ちてきて地面に叩きつけられるのを、「林檎が木から落ちて割れる」さまを見るようには、けっして見ることができないだろう。人間の身体が林檎と同じ物体であることには変わりがない。しかしわれわれはそうした現象を、単なる「物体の落下」だと「理解」することはない。高い所から落ちていく感覚とはどんなものなのか、どんなに怖いのか、躰が地面に叩きつけられたらどんなに痛いのか、と思わずぞっとして目を背けてしまうかもしれない。「林檎の落下」を見ることと「人間の落下」を見ることの間には大きな違いがある。自然科学者が「玄関のベルを鳴らす人」

の、そして「二階から落ちてくる人」の身体上に現れるさまざまな変化を、どんなに正確に数字やグラフで表現してくれても、われわれはそこに「訪問」という一つの行為、「痛み」という一つの体験をみいだすことはできない。そうした情景の物理的現象としての「客観的」記述をいくら目にしても、それによって、何らかの「行為」や「体験」を「理解」したとは思わないのである。

それはなぜだろうか。われわれはまず、「玄関のベルを鳴らす人」や「二階から落ちてくる人」という「人」が関わっている現象を、それだけで独立しているものとして把握することはない。そうした現象が一つの要素であるような一連の観察可能な出来事の文脈全体を常に考慮している。そうした文脈全体の中にその現象を位置づけ、自分自身をその文脈の中に投げ入れることによって、そのとき自分の身に起こるであろうさまざまなことを想像し、類推し、理解しているのである。それが行為を行為として、体験を体験として理解することにほかならない。だから、「人間の落下」はもちろん単なる「落下」ではなく「転落」として把握され、即座に「なぜ」という疑問に付され、自殺か事故か殺人か……とさらなる文脈における「理解」が求められることになるのである。

これは、ある現象を、いわゆる自然科学的に「外部から」観察することとは決定的に異なる態度である。「林檎が木から落ちる」さまを記述している自然科学者は、さしあたって「林檎が木から落ちる」という出来事の文脈の外に位置している。つまり、「林檎の落下」という出来事が起きている世界と、それを観察している自然科学者の存在とは本質的な関係がない、とみなされている。しかし、われわれが「訪問」という一つの行為、「痛み」という一つの体験を理解しているとき、そこには、ある特異な視点が働いている。それは、「玄関のベルを鳴らしている」、「二階から落ちてくる」という情景を見ているわれわれ自身が、そうしたいと思えば玄関のベルを鳴らして「訪問」という行為をすることができる、二階から落ちれば「恐怖」や「痛み」を感じることができる、そういう能力をもった一人の人間＝行為者でもあることによってはじめて可能になるような視点である。それが「観察者を行為者とみなす視点」である。「外部から」の観察に対して、「文脈における」観察とでもよぶべきそうした観察を行なうのは、まさにこうした意味における行為者にほかならない。「玄関のベルを鳴らす」という出来事、「二階から落ちてくる」という出来事、そうした出来事が起きているこの世界と、それを見ているわれわれとは、けっして無関係ではない。われわれは、そうした出来事のさまざまな文脈において、もしかしたら本質的な影響を及ぼしたかもしれない、そういう存在者なのである。純粋な〈われわれ関係〉という虚的形式があらゆる社会関係の基盤に置かれているということは、われわれが常に「魂に対する態度」で他者に接し、行為者として観察し、観察者として行為している、ということを意味しているのである。

「観察者を行為者とみなす視点」とはすぐれて「主観的」な視点である。しかしここでの「主観的」という言葉は、意識の内にすべての現象が回収される、ということを意味しているのではない。そのような意識内在的な領域が成立不可能であることは、ウィトゲンシュタインの「感覚日記」の議論がすでに明らかにしている。ここでの「主観的」とは、われわれと世界とのある根源的な関わり方を示す言葉として理解されるべきである。「主観的」とは、ある世界の状態が、ある人にとってのみ現出するということ、したがってその同じ状態が、別の人にはまた別の状態として現出する可能性が常に開かれている、ということを意味している(3)。

たとえば、「空が青い」という状態、「歯が痛い」という状態、それは「空が青い」と思う人、「歯が痛い」と感じる人にとって現出している世界のある状態なのである。したがってその人が存在しなければ、そのような世界の状態は成立しない。「主観的」な世界とは、「私が存在しなければ世界は存在しない」「あるいは私にとっての世界が存在する」といういい方が許されるような世界の在り方をさしている。だから私にとってある仕方で現出する世界の、その同じ状態が、別の人にとってはまた別の現れ方をするかもしれないのである。

このことを、ルーマンの用語に従っていえば、世界は偶有的である、ということになる。もし神の視点に立つことができれば、すなわち「外部から」の観察が可能なら、世界は必然的なものとして現れるだろう。しかしわれわれは、けっして世界の外に立つことができない。世界が偶有的であるのは、世界の状態が常にある人にとってのみ現出しているからである。そのような意味で世界は「主観的」なものである。偶有的とは、「他でもありうる」ということである。ある人にとって現出している世界のある状態が、「他の人にとって」は、「他でもありうる」ものとして現出する可能性が常にある、ということである。ルーマンのいう「二重のコンティンゲンツ」の「二重」とは、われわれが他者たちとともにそこに居合わせている、という端的な事実に対応している。他者がいるからこそ、世界は偶有的なのである。私にとってのみ偶有的な事態など、そもそも成立不可能だからである。

このように、観察とは、何よりもまず「文脈における」観察である。そして観察者とは、その文脈に何らかの影響を及ぼしたかもしれない（あるいは及ぼすかもしれない）存在者として世界と常に関わり、世界という織物に折りこまれている、つまり世界に内在している行為者なのである。

以上われわれは理解社会学の文脈に沿って、観察者が何よりもまず世界の内に存在し、その世界と常に関わりをもちうるような行為者である、ということを確認した。しかし、こうした観察・観察者の概念をめぐる議論の展開は、理解社会学の「理解」という文脈を遙かにこえて、世界の在り方それ自体についての従来の見方に、ある根本的な変容を加えている。それはルーマンの議論に明らかである。以下、彼の理論に依拠しながら、観察・観察者の概念が必然的に含意する世界観とはどのようなものかについて、「観察と自己指示」、「脱パラドクス化／脱トートロジー化」、「行為〈できごと〉の基底的自己指示性」という三つの論点に沿って考察し、最後に、世界の自己指示的構造を可能にさせる契機として他者の存在（＝われわれが他者たちとともに在るという端的な事実）に言及する。

2　脱パラドクス化という営み

ルーマンは、スペンサー＝ブラウンにしたがって、観察を「区別の操作」だと定義している。区別の操作とは、ある区別（された空間）の一方あるいは他方を指示するためにその区別を用いる操作の統一、のことである。実にシンプルで無味乾燥な定義である。このような観察の定義は、すでに述べたように、これまで「観察」ということばに纏わりついていた科学方法論的な含みを一掃し、同時に、理解社会学的文脈（相互作用やコミュニケーションの領域）にその萌芽が認められた「観察者を行為者とみなす視点」をさらに徹底、純化させ、「観察」概念をきわめて高度に抽象的な水準に引き上げるものである。

では、「観察とは区別の操作である」という定義は、いったい何を意味しているのか、もう少し詳しく検討してみよう。まず、この定義は、われわれが世界に対して区別＝差異を設定することによって世界と関わる行為者である、という事実を示している。われわれは、「あるもの」を「あるものではないもの」から区別する営みを不断に行なっている。それが、すなわち生きるということにほかならず、したがって、定義上、われわれのあらゆる営み（経験）が観察だということになる。たとえば、「訪問」という行為は、ベルや扉などの対象をその「訪問」という文脈に正しく位置づけ指し示しつつ行なわれる。どのような営みも、積極的であるにしろ消極的であるにしろ、「あるもの」を「あるものではないもの」から区別する、という営みにほかならない。こうして、「観察」概念は、人と人との相互作用、他者を理解するという文脈から、あらゆる対象同定へと、一般性を獲得することになる。

つまり、あらゆるものは、観察者によって「あるものとして」指示されることによってのみ存在しうる。指示とは、区別＝差異を設定することによって対象を同定することである。どのような存在者も、それ自体だけで存在することはできない。なぜなら、AはAではないもの・ではないもの、というかたちでしかその意味を同定することはできないからである。つまりわれわれは、「否定の否定」（あるいは「区別の区別」）という操作を介してしか、この世界と関わることができないのである。しかしこの操作は、原理的には無限の再帰的反復を生み、終わることがない。「Aではないもの」も結局「Aではないもの・ではないもの」との差異によって同定されるほかないからである。つまり、区別＝差異を設定するとき、その設定の前提となる（区別＝差異を設けるその当の）空間（世界）が、まず指示されていなくてはならず、その空間（世界）の設定も、その設定の前提となるさらなる空間（世界）が指示されていなくてはならず……、ということになってしまうからである。したがって原理上、意味の同定はいつまでたっても不可能だということになる。これはきわめて重大かつ破壊的な結論である。

しかし不思議なことに、われわれは常にすでに、世界（の中のあらゆる対象、出来事）を意味あるものとして経験している。指示は確かに可能なのである。いやむしろ、指示は、経験的にはいともたやすくなされているといえる。そうだとすれば、指示は、以上のような無限の操作を、そのつど、いわば「一挙に」含意するとき、はじめて可能になるものだといえる。いいかえれば、指示（区別＝差異の設定）は、常にその指示の前提となる世界それ自体を、その指示と同時に指示していなくてはならない、ということになる。これは指示というものが、常に自己指示的でしかあり得ないということを示すものである。なぜなら、たとえば、「これは灰皿である」という指示を妥当な指示たらしめているのは、その前提となっている空間（世界）の指示そのものであるからだ。灰皿の同一性は、その前提となる空間（世界）の指示と独立に保持されるわけではない。したがって、ある指示が常にその前提となる空間（世界）をその指示と同時に指示していなくてはならない、ということは、その指示が常に自己を指示していなくてはならない、ということと同義だということになる。そしてそのことは、われわれの行なうあらゆる営み（経験）＝観察がすべて自己指示的に構成されているということ、したがって、世界それ自体が自己指示的に構成されている、ということを意味しているのである。(4)

このことは、究極的には「外部から」の観察は不可能であり、観察者は常に世界に内属するものとして現れる、というすでに述べた事柄と対応するものである。もし観察者が神の視点をもちうるなら、すなわち、どのような世界（空間）にも属していないものとして立ち現れることができるなら、観察者は世界の全体を一望のもとに眺めて、世界をそれ自体としてまるごと同定することができるはずであり、したがって、意味の同定を確定するための「無限の操作」を必要としないだろう。しかしそのような観察者は、この世界の内部に存在しない。「あるもの」を指示している観察者は、その指示の前提となるある空間（世界）、つまり「あるものではないもの」として現れる空間（世界）に常に内属しているのである。

ルーマン（およびスペンサー＝ブラウン）における観察・観察者の概念は、こうしてきわめて普遍的な位格を備えたものとして現れる。そしてわれわれは、このような観察・観察者の概念から、世界の自己指示的構造という矛盾した事態へと導かれ、次のような事実を確認することになった。すなわち、あらゆる存在者にみいだされる自己指示的な形式には矛盾（パラドクス）が内包されており、同時に、通常その矛盾はわれわれの目からは隠されている、つまり、世界はパラドクスである、そしてあたかもパラドクスなどないかのように構成されて在る、という端的な事実である。

ルーマンは、このような世界の在り方について、パラドクス（トートロジー）と脱パラドクス化（脱トートロジー化）というきわめて微妙な概念を用いて、ある了解を示している。まずパラドクスという言葉で指し示されている事柄の内実とは、原理上不可能な自己指示という形式があらゆる存在者にみいだされる、という事実である。われわれは、「あるもの」から「あるものではないもの」を区別するという営み、すなわち観察をたえまなく行なっている。そのたえざる営みは、いわばたえざるパラドクスの遂行であり、そして同時に隠蔽である。つまり、われわれが生きているということ自体、パラドクスを生きているということであり、そのことが同時に脱パラドクス化でもある、ということである。パラドクスがまずあり、それが脱パラドクス化される、ということではない。世界はそのような構造を示しているのではない。事態が複雑で微妙なのは、パラドクスと脱パラドクス化があくまで同時に起こっているからなのである。

このことを次のようにいいかえてみよう。ここではまず世界がある「循環性」の渦巻きのようなもの、いわば「混沌」（カオス）として了解されている。それはそのまままるごと主題化することはできない。それは「生きられる」ほかないものである。しかし、われわれにとって、世界とはすでにある秩序を備えたものとして現れている。すでに述べたように、世界は、過去から未来へと流れる制度としての時間や、原因／結果という因果性の図式や、間主観的な意味の形式＝Semantikなど、われわれの行為や体験の基礎となる「非対称性」を備えたものとして現出しているのである。われわれは世界を秩序あるものとして、つまりカオスではなくコスモスとして、常にすでに、了解している。つまり、われわれはパラドクスを生きるということによって、同時に世界（コスモス）を不断に構成している＝パラドクスを隠蔽している（脱パラドクス化している）のである。

このように、ルーマンの「観察」概念の背後には、自己指示的な世界の在り方が透けて見える。しかし観察という概念の重要性はそこにだけあるわけではない。ルーマンの議論の中では、観察は、パラドクスと脱パラドクス化の同時化という事態（その構成と認識）にとって不可欠なものだとみなされている。

ルーマンは次のようにいう(5)。

パラドクスの構成には、否定をともにみること、ゆえに差異図式の止揚、ゆえに観察が必要である。思考から思考への継続は、否定から自由な必然性によって支えられる。現実の思考それ自体はどのみち消滅する。後続する思考も、新しい思考を生産するために先行する思考を否定することなく、どのみちうちたてられる（あるいは意識はそれが生起したように、否定されることなく消滅する)。このことは思いがけなく起こる。ただ観察にとってのみ、ある一つの思考が別のものではない。ただ観察にとってのみ思考は区別される。ただ観察にとってのみパラドクスが起こりうる。たとえば移行のパラドクスである。そこでは相互に排他的な二つの思考が、ある論理的瞬間に、現実に存在し、ゆえに同時に排他的であり排他的でない (Luhmann [1985＝1995:71-2])。

ここで問題となるのは、生きていることと認識することの間にある「ずれ」である。生きていること、それはたえざる観察の営みである。生きているということは、それ自体をどのようにしても摑まえることができない。摑まえることができるのは、観察されたもの(表象)である。ここでルーマンは意識システムの要素である思考について述べている。一つ一つの思考は〈できごと〉である。したがって次々に生成されては消滅していく。しかし思考が〈できごと〉であるということは、ある思考が別の思考からはっきり区別されて「一つの思考」としての統一を得ることはないということを意味している。思考は観察にとってのみ、一つの思考として明確な統一を獲得する。そしてたえず思考は表象として、すなわち観察されたものとして見られながら、それ自体を思考として、すなわち観察として構成していく。〈できごと〉が連なっていくということそれ自体が、パラドクスの遂行であるが、パラドクスは観察にとってのみ構成され、観察にとってのみ脱パラドクス化される。たえざるパラドクスの構成が、同時に脱パラドクス化(＝パラドクスの隠蔽)であり、それが認識を可能にさせているのである。したがって、生きていることと認識することの間にある「ずれ」とは、厳密ないみでいえば、それ自体がみせかけであることになる。生きていることがパラドクスの遂行であり、認識することが脱パラドクス化だとすれば、それはまったく同時に行なわれているからである。

たとえば、ルーマンは次のようにもいっている。

その対象が自己指示的システムであることに気づいている観察者は、それによってまた次のことにも気づく。つまり、この対象がトートロジー的・パラドクス的に構成されており、ゆえに任意であり、けっして操作されえず、ゆえに観察されない、ということである。自己指示的システムを観察するものは、それによってその固有のパラドクスを発見する、つまり観察の任意性と不可能性である。……観察者にとって、システムそれ自体において必然であり、代替不可能なものは、偶有的なものとして現れる。必然的であることと偶有的であることの、いわば超近代的で観察必然的な区別というこの前提によって、観察者はその観察に操作可能な対象をあたえることにより自らを脱パラドクス化できるのである（Luhmann［1986:55-6］)。

観察は区別の操作である。そしてスペンサー゠ブラウンによれば、区別する操作それ自体と区別された在る空間（世界）とは不可分の関係にある。区別の操作とともに、世界が存在し始める。ただひたすらに生きられている世界は、任意であり、操作されず、観察されない。観察するということは、同時に、そのことによって不断に世界を、操作可能な対象として、それ自体必然であるものとして現出させている、ということである。そして同時に、それが脱パラドクス化ということばで指し示される事柄そのものである。

「システムはそれが見ることのできるものだけを見ることができる」(Luhmann [1986:52])、あるいは「観察者は、システムはそれが見ることのできないものを見ることはできない、ということを見ることができる」(Luhmann [1986:57]) という一見神秘的なことばには、観察という区別の操作による生から認識へのたえざる移行、すなわちパラドクスの遂行が同時に脱パラドクス化であるという事実の神秘性を感得することができる。認識とは見ることができるものだけを見ることである。

世界の自己指示的な構造はさまざまな局面で現れるが、ルーマンによれば、行為という〈できごと〉においてもっとも基底的な自己指示性がみいだされる。ルーマンは「行為はシステムの要素としての〈できごと〉である」と繰り返し述べているが、行為を〈できごと〉として捉えることにどのような意義があるのか、簡単に確認しておこう。

システムとその要素、この両者がルーマンの理論にとってもっとも基本的な概念であり、この両者が同時に生成される、という言明がもっとも基本的なテーゼである。社会システムの要素は行為(あるいはコミュニケーション)(5)である。社会システムは、その要素である社会的行為が互いに互いを指示しあっている意味連関として捉えられる。システムと行為は同時に生成される。行為の生成はその瞬間のシステムをそのつど規定する。それはある仕方で、区別=差異が統一され、世界の布置が規定されたことにほかならない。われわれはこのことをさして、行為の生起がそのつど世界の全体連関を貫いている、すなわち行為が自己指示的に構成されている、といっている。なぜなら、すでに述べたように、指示は、その指示の前提となる世界を、その指示と同時に指示しているとき、はじめて可能となるからである。ある行為が一つの行為としてその統一を獲得しているとき、その行為の前提(背景)となるシステムもまた同時にその統一を獲得し、それが世界の布置そのものを指し示す。行為が他の行為とお互いを指示しつつある意味連関を成しているとき、それが社会システムの意味連関そのものを指示しているのであり、すなわち世界そのものを規定していることになる。行為とシステムの同時生成、相互依存とは、行為の自己指示的構造の端的な表現である。

行為が〈できごと〉である、と強調されるのは、行為のもつ本質的な儚さ、偶有性を示すためである。〈できごと〉とは、生成し、生成した途端に消滅する。〈できごと〉というそのつどの「現実に」(an Realität)、何らかの差異(過去と未来の差異、システムと環境の差異、意識と無意識の差異……)が残され、そのことによって一方で時間の不可逆性がたえまなく生み出され、他方で経験内容としての意味がたえまなく生成・再生される。もっとも基底的な自己指示性がみいだされる〈できごと〉の水準で、われわれはパラドクスを生きている。しかし、〈できごと〉は、そこではじめて時間や意味を生成すると同時に、そこから、その生成の効果が一方で間主観的な意味へ、他方で唯一普遍的な時間表象へとはじめて波及していく、その瞬間の、根源的な事態でもある。つまりパラドクスを生きているその〈できごと〉において、同時に脱パラドクス化の契機がみいだされる、ということである。パラドクスと脱パラドクス化の同時化という事態は、〈できごと〉においてはじめて可能になっているのである。

3　社会性を刻印された行為

このように、われわれのあらゆる営みは自己指示的に構成され、その自己指示性は通常隠蔽されている、ということが以上の考察から明らかになった。問題は、したがって、このような自己指示がいかにして可能であるのか、いいかえれば、自己指示はその本態であるパラドクスを隠蔽しつついかにしてそれを達成するのか、ということである。

パラドクスと脱パラドクス化の同時化というこの事態を可能にさせる契機を、ルーマンは、行為〈できごと〉の接続可能性にみいだしている。接続可能性とは、〈できごと〉が他の〈できごと〉と結びつくことによってはじめて〈できごと〉になる、という事実をさしている。〈できごと〉は他の〈できごと〉に指示されることによって、はじめて〈できごと〉となる。〈できごと〉の〈できごと〉性はこの「接続可能性」にある。そして自らはたえまなく崩壊し、崩壊することによって新たなシステムの要素としての〈できごと〉を生成していくという事態、接続していく、連なっていくという事実、そこに脱パラドクス化の契機が隠されている。

ルーマンは、システムと要素と観察の関連について次のように述べている。

顕在する意識の思考と表象として観察された思考との差異において、基底的要素の〈できごと〉性が維持される。表象を注意深く観察する思考は、表象よりも常に少しだけ時間的に先に在り、さらなる思考がそれ自体を観察するやいなや、その表象を破壊してしまう。この破壊が表象能力再生産の契機である（Luhmann［1985 = 1995:64］）。

ゆえに思考はそれ自身、まず他の思考に対してのみ思考なのである。つまり思考は、システムの回帰的過程に対して、一つの表象なのである。だから思考が表象という存在の中にまったく埋没して消滅してしまうということはない。思考には何かが、それ以上の何か、自己指示と他者指示の差異から最終的に逃れていくような何かがある。しかしこの差異と、この差異における自己指示としての指示は、システムの観察連関によって、それが意識の一部であることによって思考に押しつけられるのである。そのようにしてのみ、思考は他の思考に対して思考たりうるのであり、接続可能になるのである。このようにしてのみ、思考は儚いものとして、またそれ以上のものである〈できごと〉なのである（Luhmann［1985 = 1995:65］）。

観察された思考を表象とよぶ。観察自体はしたがって表象の表象として記述されうる。表象という形態をとると、思考は、主たる区別としての観察の基礎となっている自己指示／他者指示の次元において、（他の思考に対して）原子化されたものとして、そして同時にその次元に巻きこまれたものとして現れる。まさにそれゆえに観察された思考は「何ものかについての表象」となるのである。もともと表象の発生は自己指示を前提としている。思考の関係が単なる連なり以上のものでなければならないなら、システムは表象の表象による（ゆえに自己観察による）回り道を利用せねばならない。それによってのみシステムは自らを統御する様式を獲得する（Luhmann [1985 = 1995:62]）。

以上のようなルーマンの言明をわれわれはどのように理解すべきだろうか。まず「接続可能性」、すなわち〈できごと〉は他の〈できごと〉と結びつくことによってはじめて〈できごと〉となる、という事態に脱パラドクス化の契機がみいだされるということの意味を考えてみよう。接続可能性は、単に次々に〈できごと〉が〈できごと〉へと接続し連なっていくということではない。すでに強調しているように、〈できごと〉が他の〈できごと〉と結びつくという事実、つまり〈できごと〉は「他なるもの」との連関の中ではじめて〈できごと〉になるという事実が、とりわけ重要である。ここでは、自己指示が他者、「他なるもの」の存在を介することによってはじめて可能になっている、ということが示唆されている。

ルーマンは、他者の想定は「観察者が観察することを求め、観察されたものに観察されないものを同時に見てとろうとすることによって起こるのである」が、それは「他の意識システムに自分の固有の構造を投影すること」、つまり「内的透明性を他者に移すこと」ではないといい、さらに「その固有の意識が自らにとって不透明であるから、他の意識の不透明性が理解可能になるのである。……したがって他者とは私自身が私自身にとって不透明であるのと同じように、私にとって不透明であるものである」といっている（Luhmann［1985＝1995:59］）。

この不透明性ということばは、私が私でありつつ、同時に他者になっている、という事実を示すものである。すでに指摘したように、われわれは他者の存在を介してのみ私の主観的世界を成立させることができる。そのとき、他者とは、私にとって「他なるもの」でありつつ、同時に、私にとって主観的世界が現れるのとまったく同じようにその他者にとっても主観的世界が現れうるような存在者、つまりある意味で私とまったく「同じ」であるような存在者でなければならない。他者とは、私と「同じ」存在位格を備えていながら、常に私とは「異なった」視角から世界に関与する、そういう存在者である。

「観察されたものに観察されないものを同時にみてとろうとする」というのは、「他なるもの」すなわち「差異」へのたえざる志向を意味している。そうした他者を経由してはじめて自己なるもの、私が形成される。まず私が私にとって余すところなく明らかな存在であって、そこからの類推によって、次に他者が形成される、というわけではない。「内的透明性」は、そもそも私にとってすら成立していない。言葉をかえていえば、私はもともと間主観的な存在、つまり社会的な存在である。

その結果として、私に対する私の「不透明性」が、同時に、一挙に形成される。ルーマンの「二重のコンティンゲンツ」の議論には、このような私の私に対する関係と、他者の私に対する関係の類比性がはっきりと示されている。私にとっての世界の偶有性と他者にとっての世界の偶有性は、同時に、一挙に実現されるのである。自己指示は、このような他者からの指示を経由したものとして達成される。「不透明性」が自己指示のあからさまなパラドクスを隠蔽し、それを可能にさせているのである。[6]

パラドクスの生成と脱パラドクス化の営みは〈できごと〉において可能になっている。〈できごと〉にはシステムの要素としての基底的な自己指示性がみいだされる。社会システムの要素は行為（ないしコミュニケーション）である。ルーマンは「行為は他の行為の行為としてのみ行為である」という。行為はそれ自体だけでは現出しえず、常に他の行為に指示されることによって、他の行為に接続されることによって、はじめて行為としての統一を獲得する。「玄関のベルを鳴らす」という行為は、それに「玄関の扉を開ける」という行為が続くことによって、はじめて行為としての統一を得る。「玄関のベルを鳴らす」という行為は「玄関の扉を開ける」という行為によって指示されることで、一つの行為として成立している。行為が接続する、〈できごと〉と〈できごと〉が結びつく、とはこうした諸行為（コミュニケーション）間の連関をさしている。行為という〈できごと〉は、他の行為〈できごと〉に接続されること、指示されることによってはじめて〈できごと〉という行為になるのである。行為は〈できごと〉だから、生成した途端に消滅する。そして常に崩壊していく〈できごと〉に対して常に何らかの差異が残される。その残されつづける差異、そこにおいて基底的要素の〈できごと〉性、すなわち接続可能性が維持され、こうした操作によって「不透明性」が保持されるのである。同一性とは、このように〈できごと〉に不断にもたらされる差異によって、不断に生成される統一である。システムの要素、行為〈できごと〉は、それ自体は「儚い」〈できごと〉であり、また同時に「それ以上のもの」、「それ以上の何か」である。「それ以上のものである〈できごと〉」を成立させるもの、システムの要素間の関係を単なる連なり以上のものにする何か、それが観察によって、あるいは観察とともに現出する。差異による同一性の保持、つまりパラドクスと脱パラドクス化の同時化、さらにいいかえれば、生きているということによる世界の不断の生成は、「自己観察による回り道」によって達成されるのである。[7]

注

(1)「伝統」に生みこまれつつ、それを改変していく能力をもつ人間（ガダマー）、コミュニケーション行為遂行の能力をもつ人間（ハーバマス）といった理念にも、広い意味で、そのような視点を読みとることができる。

(2) ヴェーバー‐シュッツにおいては、「観察者を行為者とみなす視点」はまだ萌芽的な段階にとどまっている。シュッツは『社会的世界の意味構成』の中で、「同時世界」における観察・観察者の問題を社会科学者の態度の問題と絡めて積極的に取り上げているが、そこでの議論は、社会科学と自然科学、あるいは第一次構成体と第二次構成体、といった素朴な二元論の域を出ていない。しかし後に論じるように、シュッツの純粋な〈われわれ関係〉の議論の中には、そのような視点の萌芽が確かにみいだされる。「観察者を行為者とみなす視点」とは、ひとことでいえば、認識するということと、行為するということがけっして別個の営みではなく、表裏一体の、いわば「同じ」営みである、ということを表現するものである。それはちょうど、フッサールにおいて超越論的主体と実践的主体が実は「同じ」ものである、ということとパラレルである。

（3）　しかし念のため付け加えておけば、もちろん「同じ」ということが最終的に確定されることはない。

（4）　システムが、要素の集合でありその作用の全体である、と定義されるとき、ルーマンにとって、ほとんどあらゆるものがシステムとして立ち現れることになる。ルーマンは、具体的な領域について個別に語るとき、システムではないものを環境として把捉し、システムと環境の差異によってそのシステムが何であるか（システムの統一）が決定される、というふうに語る。したがって、世界はシステムでも環境でもなく、システムと環境が単に合わさったもの、と理解される。それは、個別の具体的な領域（たとえば法、経済……など）の機能‐構造主義的な分析・記述という文脈においては正しい理解である。しかしルーマンが自己指示的システム理論、あるいはオートポイエーシス理論として自らの理論を位置づけるとき、その背後には、われわれが語ってきたような世界や学問についてのルーマン独自の洞察が常に働いていると考えられる。したがって、ルーマン理論を社会理論の〈メタ理論〉的展開として読み解こうとするわれわれの意図からすれば、世界それ自体がシステムである、といってもさしつかえない。あらゆるシステムは環境との差異によって、その統一を得る。しかしそのとき世界も同時に同定されている。したがって、世界の同定にすでにパラドクスが包含されている。システムの同定と世界の同定は同時なのである。だからこそ「すべてが同時に在る」という事態を語らなければならない、とルーマンは考えたのである。そのような意味では、世界はシステムである、といいうる。

（5） 観察をめぐるルーマンの議論を考察するにあたって、本章では主としてルーマンが意識システムについて主題化した論考、「意識のオートポイエーシス」（Luhmann［1985＝1995］）を引用した。そこでは、システム／要素関係は、意識／思考（表象）関係として記述されている。本章は主として社会システムに照準した議論なので、意識／思考（表象）関係を、随時社会／行為関係に読み換えて論述を進めている。またルーマンは後期の自己指示的システム理論、オートポイエーシス理論の展開において、社会システムの要素を行為よりコミュニケーションということばで語るようになる。それは、ルーマンがデカルトから、カント、フッサールへと展開され純化されたいわゆる意識哲学（超越論的哲学）とどのように距離をとっているか、という問題とも絡んでくる。行為という概念は、その背後にその行為を意図した主体（人間）を強く意識させる。しかし、フッサールの超越論的哲学にシュッツと同じように懐疑的であったルーマンは、意識や意図や意志にたやすく還元されてしまう行為という概念を次第に避け、コミュニケーションの概念を前面に押し出すようになった、と考えられる。この点に関しては、ルーマンの他者論を検討する次章で、改めて言及する。

（6） このような解決は共同体（＝他者）の端的な存在に訴える、いわゆる「クリプキ的解決」を想起させる。しかし問題は、このような他者がどのようにしてその存在位格を獲得するかであり、その解明にはさらに精密な議論が必要である。ルーマンの「排除された第三者」という概念に、わずかにこうした他者＝他なるものが成立する機序を解明する糸口がみいだされるが、十分な議論の展開はなされていない（Luhmann［1985＝1995:65］）。この点に関しても、次章で触れることになる。なお、大澤（1988）の「第三者の審級」および「第三者の審級の先行的投射」の議論は、他者＝他なるものが成立する機序について緻密な展開をみせている。
(7) ルーマンは自己指示を次のように定義している。「自らが他なるものに関係し、それによって自らに関係するようなあらゆる操作、他なるものを回り道しないような純粋な自己指示は、トートロジーへと帰着する。現実の操作や現実のシステムは、このトートロジーの「展開」ないし脱トートロジー化を示している。なぜならそれは、ある現実の環境において、制約された任意ではない仕方でのみ可能であると理解されうるにすぎないからである」(Luhmann [1986:269])。純粋な自己指示は〈できごと〉において生きられるほかないものである。現実の世界はトートロジーの展開、つまり脱トートロジー化であり、それは常に「他なるもの」を経由して自らに関係するようなかたちで達成される自己指示的構造を示すのである。

第六章　他者の経験

1　現代社会理論における他者の問題

他者とは何か、この問いはルーマン理論においてどのように問われているのだろうか。また社会生成（構成）論的な理論展開において、他者の問題はどのように扱われているのだろうか。まずこの点について、今までの議論を簡単に振り返りながら、若干の考察を加えておこう。

すでに述べたように、シュッツを淵源とする社会理論の二つの大きな方向性は、他者の取り扱いをめぐって異なる立場をとり、それぞれ独自の展開を辿っている。他者の存在はいつでも疑いうる、というシュッツの学的動機をたえず反芻することの重要性を十分に認識しつつ、さしあたって他者の存在を前提とする立場をとったのが社会構築（構成）主義的な方向性である。それに対して、他者の存在をめぐる問いを社会理論全体の中に積極的に組みこもうとしたのが社会生成（構成）論的な方向性である。社会理論の〈メタ理論〉的展開というルーマンの試みは、この後者の系譜に位置づけることができる。

ルーマンは、社会理論を展開することが不可避に認識論を産み落とす、と考えた。したがって、社会理論の展開において、いったい他者とは何なのか、他者の問題はいかに記述しうるのか、を問うことはきわめて重要な作業となる。またこうした問いは、ルーマンにとっては、主－客二元論的枠組みからの脱却という現代社会理論に共通の課題に対してどのように応答するのか、という問題と直接呼応している。われわれはいわばこうした視点からルーマンの議論を読み解いてきたのである。

まず世界と〈できごと〉という基本的な世界観が、とりわけ重要である。〈できごと〉とは、時間と意味が、そこではじめて生み出される根源的な事態である。それは生成された途端に消滅するもの、たえまなく生み出されたえまなく消え去る何かである。〈できごと〉にはそのつどそのつど世界が顕れる。世界とは、〈できごと〉がそのつどそのつど指し示すものであり、それ以外のものではない。世界と〈できごと〉についてのこのような洞察は、あらゆる知的な営みに決定的な変容を迫ることになる。ここでは、あらかじめ世界が在り、それを認識し記述する自己が在る、という世界形式についての前提、すなわち伝統的な学問や科学が依拠してきた近代的な主－客二元論の枠組みが放棄されているからである。たとえば、ルーマンはシステムとその要素である〈できごと〉という概念を理論展開の基軸に据えている。システムと要素は、どちらかがあらかじめ与えられているわけではない。要素がまず在って、それがシステムを構成するのでも、システムがまず在って、それが要素に分解されるのでもない。システムと要素は、相互に依存し同時に生成される。要素の生起はその瞬間のシステムを規定する。それはシステムと環境の差異がある仕方で統一されたことを意味し、そのことは同時に世界の布置＝在り方が規定されたことを意味する。つまり要素の生起は、そのつど世界の全体連関を貫いている。

ルーマンはこうしたいい方で、巧みに二元論的な枠組みを摺り抜け、同時に、世界そのものの「儚さ」を浮き彫りにする。世界が〈できごと〉によってそのつど規定されているものであるなら、世界そのものが瞬時に生成し、生成した途端に消滅していくもの、ということになる。ここには、世界を「ありそうなもののありそうもなさ」と捉える視点が働いている。われわれは、日々何かを見、聞き、感じ、考えて「生きている」。その営みは、間主観的に構成された意味（Semantik）と間主観的に共同化された時間形式を前提としている。意味と時間が、その根源的な姿において、たえまなく生成され消え去っていくものであったとしても、われわれは、時間と意味が在ることを信じて、現実に生きている。しかし、世界がわれわれにとって、こうした一つの秩序を備えた統一的なものとして立ち現れていること、そのこと自体が偶然であり、したがって奇跡であり、驚異なのである。

ルーマンの自己指示（Selbstreferenz）ということばは、こうした世界の「儚さ」と「奇跡」を映し出そうとするものである。ルーマンにとって、世界（と〈できごと〉）は徹頭徹尾自己指示的なものである。自己指示とは、「すべてが同時に在る」という事態（パラドクス）、循環性の渦巻き（トートロジー）のようなものである。瞬間的にのみ存在するものであり、また無限に存在するものである。始まりも終わりもない、不安定で不確定で恣意的なものである。われわれは、それをけっして摑みとることはできない。世界はそれ自体パラドクスであり、トートロジーである。しかしその世界を、われわれは確かに一つの世界として把握し、その世界に生きている。そのことがまさに「ありそうもない」ことであり、奇跡なのである。われわれがこの世界に生きているということが、自己指示や循環性をたえまなく生成しているということであり、そしてそれが同時にわれわれのよく知っている世界を――一つの秩序を備えた統一的なものとしての世界を――たえまなく生成しているということである。つまり、われわれは、パラドクス（トートロジー）それ自体を生きながら同時にそれを脱パラドクス化（トートロジー化）しているのである。

ルーマンは観察という概念を駆使して、こうした世界の自己指示的な在り方を的確に表現している。「観察とは区別の操作」であった。区別の操作とは、ある区別を用いて、区別された空間の一方あるいは他方を指示することである。われわれは「あるもの」（A）を「あるものではないもの」（非A）から区別する営みを不断に行なっている。われわれのすべての営み――生きているということ――が観察という営みである。しかし、この区別の操作は、原理的には無限の再帰的反復を生み、終わることがない。Aが非Aとの差異によってしかその意味を獲得できないなら、非Aもまた非・非Aとの差異によってしかそれが何であるかを知ることはできないからだ。つまり観察は、その観察を可能にしている区別そのもの（すなわち世界）を、その観察と同時に観察していなければならない、ということである。いいかえれば、観察が可能なのは、一つの観察が、以上のような無限の操作を「一挙に」実現しているからにほかならない。これは明らかにパラドクスである。われわれは「あるもの」を「あるものではないもの」から区別するという営み、すなわち観察をたえまなく行なっている。その不断の営みは、いわば不断のパラドクスの遂行であり、同時にその隠蔽（＝脱パラドクス化）である。生きているということは、ありそうもない観察という奇跡が、いつだっていとも簡単に達成されてしまっている、ということである。

ここにみいだされるパラドクスは、自己指示のパラドクスである。簡単にいえば、どのような観察も、観察している瞬間は、自分自身を観察することができない、ということである。観察という概念の重要性は、まさにこの点にあった。「外部からの」観察が不可能だということ、観察するものが常に世界に内属するものとして現れるということ、このことについての痛烈な認識がその背後にはある。もし観察者がどのような世界にも属していない（神の視点をもつ）ものとして立ち現れることができるなら、観察者は世界全体を一望のもとに眺めて、それを一挙にまるごと同定することができるはずだ。したがって「無限の操作」は必要ない。しかし「あるもの」を観察している観察者は、その観察の前提となる世界（＝「あるものではないもの」として現れる世界）に常に内属しているのである。このことが意味しているのは、端的に、観察を可能にする区別そのもの、すなわち世界はけっして主題化できない、ということである。観察者が世界に内属しているということが、その世界を不断に変容させている。世界を一挙にまるごと主題化することはできない。何かを観察しているときには、必ず観察できないものが残るからだ。(1)

ルーマンはこれを盲点（blinder Fleck）とよんでいる。それはパラドクスであるがゆえに、すでに不断に隠蔽され、あたかもそんなことなどないかのように現れている。世界はパラドクスである、しかし世界はパラドクスなどないかのように、すでに不断に、構成されて在る、ということだ。どのようにしても観察することができないものが世界に残されつづけるということ、そしてそれがあたかもないかのように忘却されつづけるということ、こうした世界の在り方を、ルーマンはパラドクスの生成と脱パラドクス化の同時化という事態として把捉した。シュッツ以後の社会生成（構成）論的な方向性は、この事態を社会理論が掬い取らなければならないもっとも重要な事柄として措定する。観察することができないものの構成、そしてその構成を必然的に導くメカニズムとはどのようなものか、を明らかにしようとするのである。これに対して、社会構築（構成）主義的な方向性は、このパラドクスの生成と脱パラドクス化の同時化という事態をさしあたって括弧に入れ、脱パラドクス化されて在る状態から出発しているといえる。それは、社会的世界の自明性、すなわち他者存在の自明性を前提にしているということである。

しかし、社会生成（構成）論的な理論展開においては、他者の存在をはじめから自明なものとして措定することはできない。なぜなら、世界の自己指示的な構成（ありそうなもののありそうもなさ）、すなわちパラドクスの生成と脱パラドクス化の同時化という事態の構成にとって、他者こそが、まさに中心的な役割を果たしているからである。ルーマンによれば、このパラドクスと脱パラドクス化の同時化は〈できごと〉において可能になっている。〈できごと〉は生成し、生成した途端に消滅する。一つ一つの〈できごと〉において、そのつど何らかの差異が残され、そのことによって意味や時間がたえまなく生成され、同時に、そこから、その生成の効果が一方で間主観的な意味へと、他方で唯一普遍的な時間表象へと波及し、われわれのよく知っている世界が構成されていく。そして重要なことは、パラドクスが生きられている〈できごと〉において、同時に脱パラドクス化の契機がみいだされる、ということである。その同時性の契機は、〈できごと〉が〈できごと〉へと次々に接続していく、連なっていくという事実に求められる。接続していく、連なっていくということのうちに、すなわち〈できごと〉のうちには、「他なるもの」（＝他者という差異）へのたえざる志向性が含まれている。他者の想定、他なるものへの指し示しによって、いいかえれば、他者の存在によって、はじめてこうした構成が可能になる、ということである。世界がすでに不断に生成して在ることそれ自体、すなわち「世界の構成」を明らかにするためには、他者の存在を、まさにそのように在る世界の中にどのように取り込むのか（そこで他者の存在はまたどのように構成されて在るのか）が問われなければならない。

2　不透明な他者

社会生成（構成）論的な方向性をとるルーマンの議論において、では、他者とは何か、他者はどのように扱われているのか、考えてみよう。

ルーマンは、世界と〈できごと〉という基本的な世界観を背景に、世界が在ることの驚異＝奇跡を浮かび上がらせる。そしてその世界の驚異＝奇跡は、そのまま他者の驚異＝奇跡でもある。なぜなら、世界が、どのようにしてもけっして到達しえない、把握しえないものとして立ち現れているのと同じように、他者もまた私にとって、どのようにしてもけっして到達しえない、把握しえないものとして立ち現れているからだ。すなわち他者とは、そのような意味で、絶対の差異である。

絶対の差異、とはどういうことだろうか。すでに述べたように（第五章）、世界とは「主観的」にのみ現出しうるものである。逆にいえば、主観的とは、世界が私にとってのみ現出するということであり、したがって、別の人にはまた別の世界が現出している、ということを意味している。「空が青い」のは、「歯が痛い」のは、空が青いと思っているその人、歯という自らの身体に痛みを感じているその人にとってのみ現出している世界のある状態なのである。だから、その同じ状態が他の人にとっては、また別の世界として現出するかもしれないのである。つまり、世界は、偶有的である。もし「外部から」の観察が可能なら、もしわれわれが神の視点をもちうるのなら、世界の在り方は必然的であるほかない。しかしわれわれはけっして世界の外に立つことはできない。世界が偶有的であるのは、世界が「主観的」なものでしかないからである。偶有的とは、「他でもありうる」ということである。ルーマンはこのことに、「二重のコンティンゲンツ」という表現を与えている。二重とは、私の世界と他者の世界の並行性に対応している。他者がいるからこそ、その他者にとって、他でもありうる世界の可能性が開かれているのである。

世界がこのような意味で主観的なものであるということは、すなわち、私と相関して現れるすべての現象を包括するものが、私の世界そのものであることになる(2)。したがって、私と相関して現れるそうした世界ではない、もう一つの世界こそ、他者であることになる。いいかえれば、私と相関して現れる一つ一つの現象が、私の「今、ここ」ではない、もう一つの場所へと相関して現れるとき、そこに現れた世界が他者の世界そのものということになる。私に相関して現れる世界と、他者に相関して現れる世界は、正確に同じ世界である。けっして世界が二つあるわけではない。だからこそ、他者に相関して現れる世界に、私はけっして到達することができない。もう一つの世界＝他者は、私にとってけっして足を踏み入れることができない彼岸である。そのような意味で、私という世界と他者という世界は、相互に、まったく独立に並行して在り、「関係がない」という関係さえ想定することができない、絶対の差異なのである。

しかし、われわれは他者を不断に経験している。そのこともまた端的な事実である。それはやはりとうてい「ありそうもない」ことである。私が他者を経験するということ、それは「私と他者との共存」という事態であり、パラドクスにほかならない。それをそれ自体として摑まえることはできない。「生」から「認識」への移行を把握することはできない。「私と他者との共存」という事態は、生きられるほかないものであり、それを摑まえることは、必ずそれに遅れてくるからである。厳密にいえば、すでに明らかにしたように（第五章）、この遅れ＝「ずれ」はみせかけである。摑まえることとは、観察し記述し認識し理解することであり、この「ずれ」は、いわば観察にとって構成されるものだからである。そしてこの「ずれ」が、完璧な世界の把握を最後の瞬間に挫折させるのである。「私と他者との共存」というパラドクスは、〈できごと〉において可能になっている。われわれは〈できごと〉をいつでも生きている（＝他者とともに在る）が、それはパラドクスであるがゆえに通常は忘れている。すでに述べたように、「生きている」ことはパラドクスのたえざる遂行であり同時に隠蔽である。〈できごと〉においてパラドクスの生成と脱パラドクス化が同時に行なわれている。しかしその瞬間はどうしても摑まえることはできない。〈できごと〉は生成した途端に消滅するものだからである。摑まえたと思った瞬間、それは別のものになってしまう。「世界をまるごと主題化できない」のは、逆にいえば、世界の構成が、すでに不断に世界の経験そのものに繋がれて在る、開かれて在るからにほかならない。世界はけっして完結した閉じられたものではなく、いたるところに〈できごと〉としての「裂け目」のようなものが穿たれていて、すでに不断に生成されて在る世界へとわれわれを架橋しているのである(3)。「裂け目」には、「生」から「認識」への移行の瞬間、つまりパラドクスと脱パラドクス化の同時化という事態が映し出されている。この移行はいかにして可能になるのか。この問題を、「システムと環境のコンタクトはいかにして可能になるのか」というルーマンの問いを手がかりに考察してみよう。まず私を意識システムとして捉えれば、他者は私の環境である。このとき、意識システムと環境（私と他者）との関係はどのように捉えられるだろうか。システムは回帰的で閉鎖的で自己指示的である。それは、いかなるシステムもシステムの外側では作動しないからである。システムの作動は、いかようにしても環境とシステム自身を結びつけることはできない。(4) 私という意識システムは、だから、けっして環境である他者に直接到達することはできない。しかし、ルーマンはここで、システムの作動が〈できごと〉という形式をとっていること、そしてこの〈できごと〉という形式において、同時性（Gleichzeitigkeit）によって環境を把握することができる、と指摘する。

この同時性という概念は、私の意識の流れと他者の意識の流れの「同時性」というシュッツの考えにも連なる。シュッツの他者論においては、この同時性において可能となる純粋な〈われわれ関係〉＝「私と他者との共存」という概念が重要である。それは、他者との関係の形成、あるいは他者理解の文脈において、あらゆる社会関係の成立に先立って、あらかじめ与えられている虚的形式である。つまりそれは、私が他者をあらかじめ自分と同じような身体や意識の流れをもった存在者であると了解しているということ、「魂に対する態度」で他者に接しているということを意味している。ここでは、私と他者の意識の流れが同時的であることが、私の意識や他者の意識に先立って在る、ということだ。つまり〈われわれ〉が先に在る、あるいは私がすでに〈われわれ〉を生きているのである。

ルーマンの場合、この「私と他者との共存」を可能にするものが〈できごと〉である。〈できごと〉という形式の中で、他者を把握するというとき、その他者はどのようなものとして現出しているのだろうか。ここで重要なのは、ルーマンの議論における時間概念の洗練化・尖鋭化という問題である。すでに明らかにしたように（第三章）、ルーマンは、〈できごと〉という概念によって、そこで時間（と意味）がはじめて生成されると同時に、それが直線的な時間表象（と間主観的な意味表象）へとはじめて編み上げられていく、その瞬間の、根源的な事態を指し示していた。われわれのあらゆる営みは、世界の「非対称性」を基盤にしている。そしてその「非対称性」の中でも、もっとも自明の前提といえば、無限の過去から無限の未来へと不可逆に流れ去る時間のイメージ、過去と未来は非対称であり、結果は必ず原因のあとにくるという因果図式、つまり直線的な時間の存在にほかならない。しかし、社会理論を〈メタ理論〉的に展開しようとするルーマンの学的営為においては、最終的に、この時間表象がいかにして可能になるのか、その時間生成のメカニズムそのものを問う必要があった。〈できごと〉という概念にとって、それ自体が、すでに不断に時間化されたものとして現れること（そのようなものとして把握されるしかないということ）は、ルーマンの理論においてきわめて重要な意味をもっているのである。

〈できごと〉はもっとも基底的な自己指示性がみいだされる場であった。時間における自己指示性とは、過去と現在と未来の共存という事態である。これは明らかなパラドクスである。ルーマンは時間の生成について、それは「瞬間の現在」と「持続する現在」という二つの異なる現在の様式をシステムが自由自在に駆使することによって可能になる、といっていた。瞬間の現在は、次々に止むことなく未来を過去にする。それは不可逆にする作用である。しかし、瞬間はいくら積み重なっても現在にはならない。あるいは点はいくら積み重なっても線にはならない。持続する現在には、不可逆になること（不可逆にする作用）をとどめておくような場が必要なのである。これは、現在がけっして瞬間という点ではなく、ある「厚み」のようなものをもっているということを示している。〈できごと〉においてはじめて生成される時間、そのイメージは、瞬間の現在という一点を頂点とし、持続する現在という「厚み」の拡がりを底辺とするような円錐形として描ける。ここで過去と現在と未来という明らかなパラドクスが可能となっている。そしてまたここから、次々と不可逆にされる点としての〈できごと〉が、その底辺＝「厚み」を背景としてのみ、他の〈できごと〉へと次々と「接続されていく」「連なっていく」という脱パラドクス化の営みが生まれてくるのである。この「接続されていく」「連なっていく」という「動き」の中でのみ、点が線となる（すなわちこれが脱パラドクス化のことである）契機《モメント》が生まれる。〈できごと〉のたえまない連鎖の影が線となってシステムに映し出され、われわれは、それを直線的な「時間」として信憑するのである。〈できごと〉がこのように徹底的に時間化されているということは、いいかえれば、〈できごと〉は他の〈できごと〉へと接続されることによってはじめて〈できごと〉になるということである。〈できごと〉は生成し、生成した途端に消え去る。しかし、〈できごと〉がそういうものであるためには、それはそれ自身のうちに「厚み」を保持していなければならない。〈できごと〉は、いわば常に「動き」においてのみ把握されるものである。このことが、〈できごと〉において現れる他者について考えるとき、決定的に重要なことである。なぜなら、〈できごと〉において出会われる他者、私が生き生きとした現在を共有している他者は、この私から離れていく、逃れていく、というかたちでしか捉えることはできないからだ。(5)「離れていく」「逃れていく」という「動き」の中で、はじめて私は他者と共存しうるのである。

他者は、私と相関して現れるしかない「私の世界」には、けっして姿を現すことのない絶対の差異である。しかし、〈できごと〉という「厚み」＝「動き」において、同時性によって、私という（意識）システムと他者という（意識）システムは、互いを環境として把握することができる。それは私にも他者にもシステムの「裂け目」として現れるが、それは摑まえようとすればたちまち私から離れていく、逃れていく、そういうものとしてかろうじて感受されるものである。この「動き」において感受される他者は、その他者との関わりの中ではじめて私として感受される私と、いつでも交換可能なものとして現れている。ルーマンは、他者は私にとって不透明だが、それは私が私自身にとって不透明であるのと同じだ、といっている。私というものが、私にとっても、そのすみずみまで見透せるものではない。「内的透明性」などそもそも成立していない。だから内的透明性を他者に投影することで、他者に到達することができるわけではないのである。ここには、本源的なコミュニケーションの先行性がみいだされる。私は、もともと社会性を刻印された間主観的な存在である。「不透明性」とは、私が私でありつつ同時に他者となっている、という事態を示す言葉である。〈できごと〉における——同時性における——他者の経験は、他者とともに、私という同一性が同時に構成されるような、したがって、それは私が私でなくなるかもしれない、というきわめて危険な局面を含んでいる。だからこそ、この自己指示のあからさまな逆説＝パラドクスは隠蔽されるのである。

この隠蔽＝脱パラドクス化は、したがって、「生」から「認識」へのたえまない移行の営みそのものである。他者という絶対の差異は、摑まえたと思った瞬間に、相対的な差異となる。そのたえまない移行の営みの中で、他者はその本源的な他者性をたえまなく喪失し、いわば「飼い馴らされる」。通常、私のうちに現れる他者は、その純粋な様態である絶対の差異としての他者ではなく、そうやって飼い馴らされた、他者性を喪失した他者なのである。それは他者の痕跡、記憶である。通常の他者との関係性は、私の世界のうちで、他者を部分的に主題化することで成り立っている。他者は、私の世界の一つの要素になっているのである。純粋な他者性は隠蔽され、背景化している。しかし私の世界の他者たちが、そのように生成されて在るその現場としての「裂け目」は、私の世界のいたるところに穿たれており、私を、他者へとたえまなく開いている。〈できごと〉である「裂け目」は、私と他者が、同時性において、すでに不断に、開かれて在ることを保証しているのである。

「裂け目」の存在を、われわれは、通常忘れている。それは脱パラドクス化された世界の自明性を生きている、いうことである。しかし、「生」と「認識」の「ずれ」を――いいかえれば、その「ずれ」がみせかけであることを――、最後の瞬間まで主題化することを要求されるような事態をまさに生きているとき、われわれはかろうじて、その片鱗に触れることがある。それは、たとえば愛の関係（恋愛、性愛）や宗教体験、芸術の営みなど、ある特異な時間体験をともなう〈できごと〉の体験において、「裂け目」を垣間見る、という仕方で、突然やってくる。

3　愛の関係

ここでは、愛の関係を事例に、その体験の〈できごと〉性の一端を明らかにしよう。誰かを愛するということは、ある他者をそのまままるごと、全的に享受することである。それは他者をあくまで他者として、すなわちその他者性を喪失することなく体験しようとすることにほかならない。しかしもしそうだとすれば、その試みは絶望的なまでに危ういものにならざるをえない。なぜなら、他者のすべてを享受しようとすればするほど、その愛する相手は、私からたえまなく離れていこうとする、たえまなく逃れていこうとするほかないからである。愛する相手は、私から「離れていく」、「逃れていく」という様態においてこそ、つまりその否定性においてのみ、その他者性――すなわち、その愛する人がまさにその人であるという唯一性――を現すのだから。他者を積極的＝肯定的に位置づけ意味づけ、それに沿って行為しようとした途端、その他者は私の一部に、私の世界の一つの要素になってしまう。それは、私と全的に向かいあっているはずの、したがって、生き生きとした現在を私とともに生きているはずの他者ではない。愛するということは、その愛する他者を、そのようにして私の世界へと取りこみ、私の世界の道具にしてしまうことではない。

ここには、愛の可能性は同時にその不可能性である、という逆説がある。(6) 愛は成就したと思った途端、私の世界の一つのエピソードに成り下がる。「愛している」という瞬間、「愛している」という事柄それ自体は、どのようにしても私の中で主題化することはできない。これが愛の〈できごと〉性を表している。なぜ、愛の経験は、すでに始まってしまったものとしてしか、あるいは、すでに終わってしまったものとしてしか把握できないのか。それは、愛の経験が〈できごと〉としての経験にほかならないからだ。〈できごと〉としての愛は、「裂け目」を垣間見るという仕方でのみ、体験される。「裂け目」を垣間見るという体験は、〈できごと〉の「厚み」の中で可能になっている。すでに述べたように、ここにパラドクス（の生成と隠蔽）の元凶がある。〈できごと〉の厚みという事態がパラドクスであり、またどのようにしても到達しえない世界＝他者を「見る」ことが、パラドクスそのものであるからだ。

〈できごと〉の厚みは、「生」から「認識」へとたえまなくずれていく、その「ずれ」そのものを捉える。(7) だからこそ、「離れていく」、「逃れていく」という「動き」において顕現する他者性を保持しておくことができる。すでに述べたように、この〈できごと〉の厚み＝動きにおいて、私と他者は出会っている。他者が、その他者性を喪失することなく現れる場所に、私が居合わせる（同時に在る）のだ。この同時性において、私は、私でありつつ同時に他者でもあるような、私と他者の位置がいつでも交換可能であるような、そういう二重性を生きている。(8) 私（自己）という世界の完結性が最後の最後で挫折するのは、私が絶対の差異である他者へと、この「裂け目」を通じてすでに不断に開かれているからだ。いつでも、どこででも、この「裂け目」を経験することはできる。われわれはすでに不断に、それを、つまり〈できごと〉を生きているからだ。しかし通常それはパラドクスとして隠されている。われわれは〈できごと〉の体験をたえまなく忘れている。忘れているからこそ、私という自明性を生きることができるのである。

だからこそ、「裂け目」を垣間見るという体験――正確にいうなら、垣間見たという体験の痕跡、記憶――は、特異な体験となる。たとえば、「愛の関係」を志向し、他者の他者性を純粋なかたちで享受しようとするとき、われわれは、通常はすっかり忘れている、この「裂け目」の存在へと否応なく引きつけられていく。愛の関係は、「生」と「認識」のずれを極限的に縮めてみようとする試み、あるいは「生」を「認識」の瞬間まで極限的に引き延ばして生きてみようとする試みの中から生まれるのだから。「愛している」「愛されている」（＝「生」）ということを確認したい（＝「認識」）という（けっして満たされることのない）欲望に導かれ、われわれはこの絶望的な試みに向かっていくしかない。そしてその試みにおいてはじめて、〈できごと〉の体験をわずかに摑みとり、その痕跡をこの世界へと繋ぎとめておくことができるのである。

ここで次のような問題を考えてみたい。われわれは、この社会の中に存在するさまざまな恋愛や性愛のかたちを見聞きしたとき、「本当の」「真正の」恋愛には感動し、人生の深い意味に触れたと思うことがある一方で、「みせかけの」「まやかしの」恋愛にはまったく心を動かされない、ということがある。しかしこのような区別はいかにして可能なのか。この問題を、「愛の関係」を生きることと「愛の関係」についての言説の間の関係、いいかえれば〈できごと〉の体験の特異性に着目することによって明らかにしてみよう。

誰かを愛するということは、他者のすべてをそのまま、すなわち他者がまさにその他者であるという唯一性を享受することである。そしてそのことは〈できごと〉においてのみ可能となっている。それは端的なパラドクスであるがゆえに、そのパラドクスを実際に生きてみようする（そのように意志するということは、パラドクスをぎりぎりまで認識しようとする志向性を含んでいる）ことは、私の自明性が危機的な状況に陥ることを意味する。〈できごと〉においては、私という存在は自明なものではない。私と他者が生き生きとした現在を共有しているその場は、それがそこから私へ相関して現れることになるのか、それともそこから他者へと相関して現れることになるのか、まだ未決定で曖昧であるような場にほかならない。したがって、私が私でなくなるかもしれない、という底なしの不安と恐怖と狂気と、常に隣り合わせである。私が私でなくなるかもしれない、という緊張を不断に引き受けざるをえない。つまり、恋愛をしているときは、私の自明性を突き崩そうとする意志をも引き受けなければならない。それは、脱パラドクス化の営みを極限まで引き延ばし、円錐形としての時間そのものを生き抜こうとすること（そのただなかに立ちつづけようとすること）にほかならない。ルーマンによれば、われわれは、見ることができないものを見ることができない、ということを見ることができるのだが――つまりこれが観察ということの意味である――、愛するということにおいては、見ることができないものを「見る」こと、それがまさに欲望されているのである。

誰でもが、潜在的には、このような経験――恋愛の可能性――へと開かれている。われわれは誰でもが、「裂け目」を垣間見ることがある。しかしもちろん、それはいつでも可能性にすぎない。愛の関係を享受することは、結局は特異な、得難い体験だともいえる。なぜなら、〈できごと〉としての愛の過程を生き抜くということは、私が私でなくなってしまうかもしれない、というぎりぎりの瞬間まで私を追いつめていくことだからだ。それは私には、きわめて苦しい選択の過程として現れるだろう。また、その唯一性において出会いたい、全的に関わりたいと欲望する他者と巡りあうこと自体が、そもそも稀なことではないだろうか。そうだとすれば、現実に〈できごと〉としての愛の過程を生き抜こうとする経験は、非日常的な、得難い体験だといえるだろう。

しかしそうであるにもかかわらず（あるいはそうであるからこそ）、恋愛をめぐる言説はこの世界に満ち溢れている。恋愛をするということは、〈できごと〉としての愛を生きようとすること、その「裂け目」の痕跡をこの世界へ繋ぎとめておこうとすることにほかならない。それが非日常的な、得難い体験であるからこそ、人は誰かによってこの世界に繋ぎとめられた「裂け目」の痕跡にさえ引きつけられてしまう。したがって、自分自身で〈できごと〉としての愛を生きてみるという試みに触れることなく、誰かが僅かに映しとった〈できごと〉の影を「物語」として消費する、ということが起こってくる。そういう場合、「愛の経験」は誰でもがすでに知っている、了解済みの事柄として扱われるようになる。そして、そうやって〈できごと〉の体験に触れることなく「物語」を消費している人々が、「物語」を作る側にまわる、ということも生じてくる。作る側も消費する側も、〈できごと〉としての「裂け目」の体験から程遠いところで、三段論法を操るように、「物語」における恋愛体験を弄ぶようになる。恋愛をめぐる言説は、一方で、このようにして世界に満ち溢れることになる。こうした言説の中には、〈できごと〉を現実に生きて、その記憶、その痕跡をこの世界に繋ぎとめようとした人々の紡ぎだす「物語」や、〈できごと〉の体験そのものは知らずにすでにある「物語」を消費していく中で自らその再生産に関わるようになった人々の作る「物語」がある。後者の物語の中には、前者の「物語」の単なる模造品——似て非なるもの——にすぎないものもある。しかしこうした似て非なる「物語」が、日々作り出され消費されるという繰り返しの中で、こちらの「物語」こそ一般的・普遍的な「愛の経験」であると信憑されるような転倒が、時として生じる。

このときはじめて、こうして信憑されている「愛の経験」が、「みせかけ」であり「まやかし」である（かもしれない）という直感が、〈できごと〉を現実に生きた、あるいは生きている人々の内に、自明のこととして（すなわち確実な明証性の下に）生じてくる。この二つの「物語」を区別する契機《モメント》、「真正」の恋愛と「まやかし」の恋愛（恋愛ゲーム）の差異は、このようにして把握される[9]。そしておそらく次のようなことがいえる。私の自明性を崩そうとする意志を生きる人が、〈できごと〉としての愛を享受することができ、またそうした「愛の経験」についての言説を理解することができる、と。しかしもちろん、「真正の」「本当の」と「みせかけの」「まやかしの」の間にある差異は、絶対的な差異ではない。あくまで相対的なもの、いわば程度の差である。ただ、その程度の差がこの世界では決定的な差となって現れることがある。この世界では、こうした〈できごと〉の体験――恋愛や性愛、芸術の営みや宗教体験――を通して、人ははじめてその人独自の世界形式を獲得することができる。そしてその世界形式にそって、つまりそれぞれの人がどのような世界を「構成」しているかによって、そこで生きられるさまざまな体験の意味が決定されていく。人生の意味は、〈できごと〉の体験の深みにおいて決定されている、といえる。

　人間の存在はそれ自体が両義的である。純粋に〈できごと〉を最後まで生き抜いたとしたら――この仮定自体がすでに背理であることはいうまでもない――生き抜いたと思った瞬間、私は（おそらく狂気とともに）〈できごと〉の彼方へと消え去ってしまうだろう。私はこの世界から完全に切り離されてしまう。それは無以上の無である。逆に、あくまで私が私で在りつづけるなら、――もちろん人間はそうであるしかない――〈できごと〉において脱パラドクス化の営みをその極限まで引き延ばして、円錐形としての時間を生きようとする試みは必然的に挫折する。われわれは、必然的な挫折へ向かって、それでも前進し、その挫折を身をもって示すということにおいて、〈できごと〉をこの世界へとかろうじて繋ぎとめておくその「裂け目」を「見る」ことができる。あるいは「見た」という〈できごと〉の体験の遠い記憶を、その痕跡を、私の世界に残すことができるのである。

注

（1）観察概念には、伝統的な認識論（私＝人間が世界を認識するという図式）の桎梏から意識的に脱却しようとする意図が明確に見受けられる。ルーマンは観察概念を、高度に抽象的な水準に引き上げ、主―客二元論の廃棄を企図する理論における強力な道具立てとしている。ルーマンにとってはあらゆるものが、世界も社会も学問も人間もすべてシステムであり（ただし人間は厳密にいえば、さまざまなシステムの複合体）、すなわち自己指示的である。そして観察の主体は、このあらゆるシステムそれ自体にみいだされるのであり、けっして私＝人間が特権的な位置を占めているわけではない。また、すでに明らかにしたように（第五章）、主―客二元論の廃棄という企図を徹底させようとする意志は、コミュニケーションの概念にも顕著である。社会システムの要素を、ルーマンは最終的にコミュニケーションと規定している。システムの要素は〈できごと〉として把握されるのだから、もっとも基底的な自己指示性がみいだされる〈できごと〉の水準にコミュニケーションが位置づけられていることになる。世界と〈できごと〉の同時生成・相互依存という世界観に、もともと個人か社会か（主観か客観か）どちらか一方を理論構成の前提として措定するという伝統的な学問の枠組みには収まらない、ルーマン独自の行き方――社会理論の〈メタ理論〉的展開――が示されている。そしてその〈できごと〉の水準に、私や私の行為ではなく、あくまでコミュニケーション——すなわち私と他者たちとの共存という事態——が位置づけられているのである。

（2）　このように私と私の世界を等価なものとして捉える視点は、デカルト以来、カント、フッサールと受け継がれてきた、いわゆる主観主義、超越論的主観の立場——主体理論あるいは意識哲学の伝統——を踏襲しているともいえる。「意識のオートポイエーシス」という考え方では、われわれが考えること、感じること、思うこと、そのすべては意識システムにおいて、オートポイエーシス的、回帰的に生産されるものである。このことは超越論的主観が世界を構成する、ということと同じではないのか、ということである。

ルーマンの理論が、主体理論・意識哲学からどのように距離をとっているのか、という問題は、とりわけルーマンの他者論を理解するうえで、もっとも重要な論点の一つになるといってよい。ルーマンは、「自己指示的システム理論という概念、つまり、システムがその固有の操作によって自らを記述し観察しうるという考えによって、コミュニケーション、行為、反省の連関が、主体理論（意識の主観性の理論）から解放される」（Luhmann［1984:234］）と述べている。しかし、ルーマンの理論は、主体理論・意識哲学から意識的に距離をとろうとする意図に強く貫かれている一方で、「意識のオートポイエーシス」という考えや意味概念における志向的構造など、さまざまな概念や議論の展開にその影響を認めることもできる。また、主体理論・意識哲学とのこの対照性／並行性という問題は、主－客二元論的枠組みからの脱却という現代社会理論の課題に対してどのように応えるのか、という観点からも重要である。

ルーマンが主体理論・意識哲学からどのように距離をとろうとしているかは、まさにその主体や意識の概念の取り扱いに現れているといえる。ひとことでいえば、ルーマンは、近代社会の成立以来、人間＝主体という概念に与えられていた特権的な位置を相対化しようとする意志において、主体理論・意識哲学の伝統と著しい対照を成している。ルーマンの場合、私＝意識という等式は必ずしも成り立たない。意識は一つのシステム（心的システム）として、他のさまざまなシステムと並列される。人間は、そのような意識、つまり心的システムだけではなく、たとえば、有機体的システム、免疫システム、神経生理学的システム……などさまざまなシステムが自律的・自立的に働いて成立している。あるいはそのようなシステムが複合的に働く場のようなものとして捉えられている。だから、私を意識システムとして捉えることは可能だが、意識システムが私のすべてではない、ということになる。私と相関して現れるすべての現象を包括するものが私の世界のすべてであるというとき、さしあたって私を意識システムとして捉えているのだが、厳密にいえば、私は意識システムを中核とするさまざまなシステムが複合的に働く場として、いわば世界そのものに住みついている、あるいは世界へと私が拡がっているのであり、そのような意味で私が世界のすべてであるといっているのである（またこのことは、ルーマン自身はそう考えないかもしれないが、後期フッサール現象学の考え方と並行的であるといえる。フッサールの場合も、私が世界と対峙するという図式は出発点としての仮象なので、私＝意識が世界を構成するわけではないといえる。だからこそ、われわれは、ルーマンの学的企図を、フッサールが最終的にめざした地点と一致するとみているのである）。クニール／ナセヒがそのすぐれたルーマン理論の概説書において指摘しているように、ルーマンが「存在論の罠には決して陥らない」（クニール／ナセヒ［1995:127］）のは、「観察」が「生きている」（すなわち存在している）ということと厳密に同じ事柄であるからだ。ある区別を用いて観察を始めるということによって、はじめてシステムや、それに対する認識が同時に始められる。ルーマンは『社会システム論』の記述を「以下の考察は、システムが存在するということから出発している」ということばで始めている（Luhmann［1984:30］）。私が世界のすべてであるということは、私とともに世界が始まるということ、観察とともに認識が始まるということである。

さらに、ルーマンの構造的カップリングないし相互浸透の考え方も、人間＝主体の特権性を相対化する具体的な理論装置の一事例だといえる。まずルーマンによれば、意識（システム）と脳（システム）は構造的カップリングの関係にある。意識システム＝心的システムは、典型的なオートポイエーシス的システムであり、その要素である思考内容あるいは表象を、その回帰的過程において次々に生産する。意識は、自己指示的・閉鎖的システムとして、その統一を獲得している。しかしもちろん、意識は、脳を含めたさまざまな人間の身体活動、身体をとりまくさまざまな自然環境を前提にしてはじめて働く。だからそういうものなしで意識がそれ自体として存在することはない。とりわけその中でも、脳なしで意識は存在しないといえる。しかし意識はけっして、脳の活動そのものではない。意識は脳波や脳細胞の動きに直接還元されるわけではない。意識は、あくまでシステムとしてその要素（思考内容、表象）を自ら生産しているのである。つまり、たとえば空の青さの知覚と「空が青い」という思考内容が生産されるとき、それは確かに脳のある部分の活動と対応している。それは観察可能である。しかし、その活動が「空が青い」という思考内容そのものであるとはいえない。というよりある人の脳の活動を見て、その人が何を感じ何を考えているかを知ることはできない、ということである。「空が青い」という思考内容は、そのような意味で脳の内部にあるというよりは、むしろ「空が青い」という世界の状態を私が享受しているということの現れであると考えられる。つまり「空が青い」という世界の状態がすなわち私（の世界）そのものということになるのである。そうやってわれわれは、その意識システムにおいて、さまざまな思考内容や表象を自ら生産しているのであって、けっして環境（外部）の刺激を受け取っているわけではない。ルーマンはこのような意識と脳の関係を構造的カップリング（strukturelle Kopplung）とよび、意識は脳に対して創発的な秩序レベル（emergente Ordnungsebene）にある、という。意識と脳はあくまで異なるシステムとしてけっして重なり合うことはないが、お互いを環境として把握して、それぞれその統一を獲得しているのである。

ルーマンは、社会システムと心的（意識）システムを構造的カップリングの関係に位置づけることによって、主－客二元論的な枠組みからの離脱、人間＝主体という価値観の相対化を徹底させようとしている。ルーマンの社会システム論では、社会システムの要素は、意識をもつ人間ではなく、コミュニケーションである。ルーマンは当初、社会システムを行為システム（その要素は行為）として記述していたが、次第に社会システムの要素として行為よりコミュニケーションの概念を使うようになる。行為という概念は、理解社会学の伝統の下、どうしても行為の背後にある意図、その意図の帰属先である人間（の心）を含んでしまうからである。しかしもちろん行為は記述概念として残る。社会システムにおいてコミュニケーションは行為として捉えられるからである。ルーマンは人格（Person）という概念を採用し、個々の行為をその人格に帰属させる。しかしこの人格は、役割や責任の帰属先として構成されたもので、心的システムではなく、もちろん人間そのものではない。

では人間はどのように位置づけられているのだろうか。社会システムにとって、人間は環境として不可欠なものである。しかし人間と人間の間には直接的な相互作用はない。人間は他の人間にとってやはり絶対的な他者にとどまる。だから私の意識（思考内容）が他者の意識（思考内容）と直接関係することはありえない。これが不透明性という概念で把握されていた。社会システムは、回帰的・オートポイエーシス的過程において次々にコミュニケーションを生産し、コミュニケーションをコミュニケーションへと結びつけていく。一つ一つのコミュニケーションは〈できごと〉だから、生成し生成した途端に消滅する。このコミュニケーションからコミュニケーションへとコミュニケートするということが「社会的なもの」である。この社会的なものは、必然的に、二人以上の人間を環境として前提にしている。つまり、人間なしではコミュニケーションは成立しない。したがって、人間において働く意識も身体も生命も、コミュニケーションに関係している。しかし社会的なもの＝コミュニケーションは、そのコミュニケーションに関係している人間において成立しているさまざまな個々のシステムにはけっして還元されない。社会システムはオートポイエーシス的システム、つまり自己指示的システムであるから、その要素＝コミュニケーションを、自ら生産することによって、自らを維持しているのである。したがって、人間は環境として不可欠だが、コミュニケーションが帰属する主体ではない、ということになる。それは、意識にとって脳が不可欠な環境ではあるが、意識の働きがすべて脳の活動に還元されるわけではない、ということと同じである。ただここで留意しなければならないのは、ルーマンは人間＝主体という特権的な価値を相対化しようとはしているが、人間において成立しているさまざまなシステムの中でも、やはり心的（意識）システムには特別な位置が与えられているということである。それは、意識（だけ）が、社会システムの環境として、その要素であるコミュニケーションに接触し、コミュニケーションに刺激を与えたり、コミュニケーションを誘発したりすることができるからである。

（3）　わかりやすくいえば、われわれのよく知っている「世界」の側から見れば、この「世界」は完結した閉じられたものではなく、いたるところに〈できごと〉としての「裂け目」が穿たれていて、不断に〈世界〉へと架橋されている、ということになる。「世界」と〈世界〉の区別は分析的なものので、何度も強調しているように、この両者は正確に同じものである。分析的には、パラドクスが生きられている世界が〈世界〉であり、脱パラドクス化された世界が「世界」である、と区別できるが、パラドクスと脱パラドクス化は同時に起きているので、「世界」と〈世界〉は同じものである。私の世界に対して他者の世界を「もう一つの世界」というときも、私の世界と何か別にもう一つの世界があるわけではない。同じ世界が、他者の存在によって、他者にとってもう一つの世界として現出する可能性があるからこそ、世界が偶有的なものとして現出していることになるのである。

(4) しかしそのことは、システムがそれ自体完結した統一体であるということを意味しているわけではない。一般的に、システムは、閉鎖的であると同時に開放的である。というより、システムはそれ自体が閉鎖的であることによって、はじめて開放的であることができる。システムは環境に対して開かれているが、その接触はきわめて選択的である。システムがいついかなるときにどのように環境と接触するのかは、システム自身が、その回帰的でオートポイエーシス的な働きによって選択しているのである。閉鎖的であるとは、けっして排他的であるのではなく、開放的であるための、つまり環境と接触するための条件なのである。つまり、システムは、システムと環境の差異を、システムの中に導入＝再参入（re-entry）させることによって、自己自身を回帰的であると同時に外部に対して反応可能であるような形式を自らのものとする。そしてそれを可能にするものとして〈できごと〉の概念が重要なものとなるのである。「システムと環境のコンタクトは、〈できごと〉の同時性によって可能になるのであって、他の契機は必要ないのである」（ルーマン［1993:117］）。

(5) このことを、大澤は遠心化作用という言葉で定式化している。「遠心化作用は、この身体と同等な権利で一個の宇宙が帰属しうる異和的な志向性の座＝身体の可能性を保証する。——遠心化作用の下で、他者は、他者性の要件を緩和させることなく——絶対の差異として——顕現する」（大澤［1995:195］）。この遠心化作用と求心化作用が表裏一体となって、私と他者が同時に析出されてくる現場が捉えられるのである。求心化／遠心化作用の概念は、その「動き」において他者の原初的な姿を捉えているといえる。

（6）愛の可能性がその不可能性であるということは、他者がその「動き」の中でのみ、私から「離れていく」「逃れていく」という形式においてのみ顕現するということ、つまり他者を顕現させる作用が遠心化作用であることの必然的な結果である（大澤［1995:196］）。

（7）すでに何度も強調しているように、「ずれ」は「世界」と〈世界〉のずれであって、「世界」と〈世界〉が正確に同じものである以上、みせかけにすぎないものである。〈できごと〉の厚みというパラドクスが「ずれ」というみせかけとして現れているのである。

（8）「私と他者との共存」という事態がパラドクスであることは繰り返し述べた。〈できごと〉において他者と私が共存するという場合、それは逆にいえば、そこでは他者が他者である唯一性、私が私である唯一性が未だ確立していない、ということである。だからこそ私が私でありつつ他者である、私と他者の位置がいつでも交換可能である、といえるのである。そして他者が他者である以上、それはたえず私から「離れていく」「逃れていく」という形式において、私に顕現するほかない。ここでいう「二重性」を生きているということが、他者の経験——たとえば愛するという経験——の原初的な姿である。

（9）「恋愛の逆説」（吉澤［1993:215］）とは、ただの恋愛ゲームにすぎないものが、「真正の」恋愛だと思いこまれ、それが事実上「真正の」恋愛として流通してしまうということであった。こうした転倒がなぜ生じるのかについての暫定的な答えは、〈できごと〉の体験に着目したこうした議論のうちにみいだせるだろう。

あとがき

本書は、社会学の基礎理論的な領域でシュッツやルーマンについて書いたいくつかの論文を、現代社会を主題化する社会理論とはどのようなものか、という関心の下に新たに書き直して一冊にまとめたものである。

第一章と第二章は、「A・シュッツにおけるフッサール哲学の意義――〝自然的態度の構成的現象学〟とは何か」(『哲学』第七四集、一九八二年)、「社会学と間主観性問題――〝主観主義〟批判・再考」(『社会学評論』三五巻二号、一九八四年)、「他者」(『現象学的社会学』三和書房、一九八五年)の三本の論文をもとに、「シュッツからルーマンへ」という本書のテーマに沿ったかたちで大幅な加筆・修正・削除を行なった。書いてからずいぶん時間がたっているので、そのままのかたちで出すことはできなかったが、発表された時点ではそれなりの意味をもっていたと思うので、オリジナルの内在的な議論の部分はほとんどそのまま生かしてある。当時まだ評価の定まっていなかったシュッツの議論も今では社会学の基本知識の一角を成すようになった。その意味で、まえがきにも書いたように、第一章は現象学的社会学入門として、また第二章はシュッツの議論の学説史的な位置づけやその意義を確認するうえで、十分お役に立てるのではないかと思う。

第三章は「不可逆性のメタファー——ルーマン理論における時間生成のメカニズム」(『ソシオロゴス』第一〇号、一九八六年)、第四章は「世界・〈できごと〉・時間」(『日常生活と社会理論』慶応通信、一九八七年)、第五章は「「観察」と他者性」(『哲学』八六集、一九八八年)、第六章は「他者の経験」(『現代社会学3　他者・関係・コミュニケーション』岩波書店、一九九五年)をもとにやはり大幅な加筆・修正を施している。ルーマンの議論は多岐にわたり、その著作・論文は厖大な数にのぼる。そのすべてを読解、咀嚼してルーマン理論の全体像を描くなどということは、とうてい私の任ではない。ここでは、ルーマンのいくつかの論考から、〈できごと〉という概念に反映するルーマンの「世界」の一端を何とか明らかにしようと試みた。それを少しでも伝えることができたとすれば、これ以上の喜びはない。

このように拙いものではあるが、幸いにも日本の現象学的社会学、シュッツやルーマンの研究水準は高く、翻訳をはじめすぐれた研究書や論文集が出版されているので(巻末の文献表を参照)、本書がそうした文献へと読者を誘うささやかなきっかけになってくれれば、大変嬉しいと思う。また二冊の前著『フェミニズムの困難』と『女であることの希望』は、近代社会の「現代的」変容の実態を具体的な社会現象に則して分析したものなので、その意味で本書はフェミニズムやジェンダーの問題を私がどのように扱っているのか、その理論的背景を示すものにもなっている。

本書をまとめるにあたって今回もまた勁草書房の町田民世子氏にたいへんお世話になった。氏は博士論文の執筆に悪戦苦闘していた私に、「先に本を出しましょう」と思いがけないことばをかけてくださり、それが目標となって何とか本書をまとめることができた。論文の完成に向けて大きな一歩を踏み出すことができ、感謝している。心からお礼を申し上げたい。

二〇〇二年二月

吉澤　夏子

索　引

ア行

カ行

サ行

タ行

ナ行

ハ行

マ行

ヤ行

ラ行

ワ行

引用・参考文献

浅野智彦　2001　『自己への物語論的接近――家族療法から社会学へ』勁草書房

Austin, J. L. 1960 *How to Do Things with Words*, Harvard University Press＝1978　坂本百大訳『言語と行為』大修館書店

Berger, P. L. 1963 *Invitation to sociology:A Humanistic Perspective*, Doubleday Anchor Books　＝1979　水野節夫・村山研一訳『社会学への招待』思索社

――――（with Luckmann, T.）, 1966 *The Social Construction of Reality:A Treatise in the Sociology of Knowledge*, Doubleday & Co. ＝1977　山口節郎訳『日常世界の構成――アイデンティティと社会の弁証法』新曜社

江原由美子　1983「人間中心主義から脱中心化へ――現代社会学の一動向――」『人文科学紀要』第36巻

江原由美子・山岸健編　1985『現象学的社会学――意味へのまなざし』三和書房

Davis, H. & Waltton, P.（ed. ）1983 *Language, Image, Media*, Basil Blackwell

Derrida, J. 1967 *La voix et le phénomène*, Presses Universitaires de France＝1970　高橋充昭訳『声と現象――フッサール現象学における記号の問題への序論』理想社

Gadamer, H. G.　1960 *Wahrheit und Methode*, J. C. B. Mohr ＝1986　轡田収ほか訳『真理と方法』法政大学出版会

Garfinkel, H. 1952 Perception of the Other, Unpublished Ph. D. Dissertation Harvard University

―――― 1967 *Studies in Ethnomethodology*, Prentice-Hall ＝1987　山田富秋・好井裕明・山崎敬一編訳『エスノメソドロジー』せりか書房、1989　北澤裕・西阪仰訳『日常性の解

剖学』マルジュ社

Giddens, A. 1976 *New Rules of Sociological Method*, Hutchinton University Library.

――――― 1984 *The Constitution of Society*, Polity Press

――――― 1991 *Modernity and self-Identity*, Stanford University Press

Habermas, J. 1981 *Theorie des Kommunikativen Handelns Bdl, 2*, Suhrkamp＝1985　河上倫逸ほか訳『コミュニケイション的行為の理論』未來社

浜日出夫　1982「ピグマリオンとメドゥーサ――A. シュッツの『現象学的社会学』の位置――」『社会学評論』129号

橋爪大三郎　1985『言語ゲームと社会理論』勁草書房

林　晋（編著）2000『パラドックス』日本評論社

Heidegger, M. 1927/1935 *Sein und Zeit*, Max Niemeyer Verlag, Halle　＝1960　桑木務訳『存在と時間』岩波書店

――――― 1969 *Zeit und Sein:Zur Sache des Denkens*, Max Niemeyer Verlag Tübingen＝1970　辻村・ブフナー訳『思索の事柄へ』筑摩書房

――――― 1982 *Identität und Differenz*, Nesk

Heritage, J. 1984 *Garfinkel and Ethnomethodology*, Polity Press

Hindess, B. 1972 “The ‘Phenomenological’ Sociology of Alfred Schutz,” *Economy and society, Vol.1, No.1.*

Husserl, E. 1962 *Die Krisis der europäischen Wissenshaften und die transzendentale Phänomenologie*, Martinus Nijhoff＝1974　細谷恒夫・木田元訳『ヨーロッパ諸学の危機と超越論的現象学』中央公論社

――――― 1963 *Cartesianishe Meditationen und Pariser Vorträge*, Martinus Nijhoff＝1970　船橋弘訳『デカルト的省察』中央公論社

――――― 1973 *Zur Phänomenologie der Intersubjektivität,* Dritter Teil, Martinus Nijhoff

石黒　毅　1980「社会学と現象学」『講座現象学 4　現象学と人間諸科

学』弘文堂
木村敏　1982『時間と自己』中央公論社
Kneer, G. & Nassehi, A. 1993 *Niklas Luhmanns Theorie Sozialer Systeme*, Wilhelm Fink Verlag＝1995　舘野受男・池田貞夫・野崎和義訳『ルーマン社会システム理論』新泉社
Kripke, S. A. 1982 *Wittgenstein on Rules and Private Language:An Elementary Exposition*, Basil Black＝黒崎宏訳『ヴィトゲンシュタインのパラドックス——規則・私的言語・他人の心』産業図書
Lemert, C. C. 1979 *Sociology and Twilight of Man*, Southern Illinois University Press.
Levinas, E. 1949 "En decouveant l'existens avec Husserl et Heidegger", Paris Librairie Philosophique J. Vrin＝1986　丸山静訳（抄訳）『フッサールとハイデガー』せりか書房
Luhmann, N. 1971, "Sinn als Grundbegriff der Soziologie", Habermas/Luhmann, *Theorie der Gesellshaft oder Sozialtechnologie*, Suhrkamp
——— 1972 *Rechtssoziologie*, Rowohlt Taschenbuch
——— 1975a *Macht*, Enke＝1986
——— 1975b *Soziologishe Aufklärung2*, Westdeutscher Verlag
——— 1980 *Gesellschaftsstrultur und Semantik Band I*, Suhrkamp
——— 1981a "Temporalstrukturen des Handlungssystem", *Soziologishe Aufklärung3*, Westdeutscher Verlag
——— 1981b "Temporalisierung von Komplexität", *Gesellschaftsstruktur und Semantik Band II*, Suhrkamp
——— 1982a "Autopoiesis, Handlung und Kommunikative Verständigung", *Zeitshrift für Soziologie, Jg*11, *Heft Oktober*
——— 1982b *Liebe als Passion:Zur Codierung von Intimatät*, Suhrkamp
——— 1984 *Soziale System*, Suhrkamp

——— 1985 "Die Autopoiesis des Bewußtseins", *Soziale Welt, Jg*36 *Heft4*
——— 1986 *Ökologishe Kommunikation*, Westdeutscher Verlag
——— 1990a *Die Wissenschaft der Gesellschaft*, Suhrkamp
——— 1990b *Soziologishe Aufklärung5*, Westdeutscher Verlag
——— 1990c/1992 *Beobachter:Konvergenz der Erkenntnistheorien*, (with Maturana, H., Namiki, M., Redder, V. and Varela, F.), Wilhelm Fink Verlag
——— 1995a *Soziologishe Aufklärung6*, Westdeutscher Verlag
——— 1995b *Die Kunst der Gesellschaft*, Suhrkamp
——— 1997 *Die Gesellschaft der Gesellschaft*, Suhrkamp
ルーマン／土方透・松戸行雄編訳　1996『ルーマン、学問と自身を語る』新泉社
———／馬場靖雄訳　1987「社会学的概念としてのオートポイエーシス」『現代思想』vol. 127-10　青土社
Lyotard, J. F. 1979 *La condition post-moderne*, Edition de Minuit＝1986　小林康夫訳『ポスト・モダンの条件』星雲社
Mactaggart, 1927/1968 *The nature of existence*, Cambridge
Merleau-Ponty M. 1964 *L'oeil et l'esprit*, Gallimard＝1966　滝浦静雄・木田元訳『眼と精神』みすず書房
——— 1945 *Phénoménologie de la perception*, Gillimard＝1982　中島盛夫訳『知覚の現象学』法政大学出版局
——— 1960 *Signes*, Gillimard＝1969　竹内芳郎・粟津則雄・海老坂武・木田元・滝浦静雄訳『シーニュ I』みすず書房
Natanson, M. 1973 *Edmund Husserl:Philosopher of Infinite* Tasks, Northwestern University Press
——— (ed.) 1973 *Phenomenology and the Social Sciences vol.1,* Northwestern University Press
西阪　仰　1985「意味・行為・行為の連鎖——ハーバマース＝ルーマン論争への一視座」『社会学評論』第36巻第3号
——— 2000『心と行為——エスノメソドロジーの視点』岩波書店
信原幸弘　2000『考える脳・考えない脳——心と知識の哲学』講談社現

代新書
大森荘蔵　1981『流れとよどみ――哲学断章――』産業図書
岡田紀子　1976『ハイデガー研究――言葉と思考』以文社
大澤真幸　1988『行為の代数学――スペンサー・ブラウンから社会システム論へ』青土社
――――　1994『意味と他者性』勁草書房
――――　1996『性愛と資本主義』青土社
Rombach, H. 1962 *Die Gegenwart der Philosophie*, Simposion 11＝1984　篠憲二訳『哲学の現在』国文社
Schütz, A. 1932, *Der Sinnhaft Aufbau der sozialen Welt:Eine Einleitung in die versthende Soziologie*, Springer(1974, Suhrkamp)
――――　1971 *Cresammelte Aufsätze III*: *Studien zur phänomenologischen philosophe*, Martinus Nijhoff/Den Haag
――――　1981 *Theorie der Lebensformen*, Suhrkamp
――――　/Luckmann, T. 1979/1984, *Strukturen der Lebenswelt Bd. 1, 2*, Suhrkamp
Schutz, A. 1962=1973 *Collected Papers I :The Problem of Social Reality*, ed. by Maurice Natanson, Martin Nijhoff/The Hague
――――　1964=1976 *Collected Papers II :Studies in Social Theory*, ed. by Arvin Broderson, Martin Nijhoff/The Hague
――――　1966=1975 *Collected Papers III :Phenomenological Philosophy*, ed. by Ilse Shutz, Martin Nijhoff/The Hague
――――　1970 *Reflection on the Problem of relevance*(ed. by Zaner, R. M.), New HavenYale University Press
清水太郎　1993「「近代」のトポロジー――ニクラス・ルーマンの「社会学的啓蒙」」、『ライブラリー相関社会学１――ヨーロッパのアイデンティティ』新世紀
新明正道　1977「社会学における『日常生活』の概念について――アメリカ社会学の場合――」『ソシオロジ』第１巻
Sudnow, D.(ed.) 1972 *Studies in Interaction*, Free Press

Spencer-Brown G. 1968 *Laws of Form*, E. P. Dutton＝1987　大澤真幸・宮台真司訳『形式の法則』朝日出版社

Sorondel, M. W., (ed.) 1977 *Alfred Schütz Talctt Parsons Zur Theorie sozialen Handelns:Ein Briefwechsel*, Suhrkamp＝1980 佐藤嘉一訳『シュッツ・パーソンズ往復書簡　社会理論の構成』木鐸社

平　英美　1979「A. シュッツと間主観性問題――フッサールの『デカルト的省察』に対する批判をめぐって――」『ソシオロジ』第24巻

Wagner, R. H., *Alfred Schutz:An Intellectual Biography*, The University of Chicago Press

Waldenfels, B. 1980 *Der Spielraum des Verhaltens*, Suhrkamp＝1987 新田義弘・千田義光・山口一郎・村田純一・杉田正樹・鷲田清一訳『行動の空間』白水社

Whitaker, R. 1970 *The Language of Film*, Prentice-Hall＝1985　池田博・横川真顕訳『映画の言語』法政大学出版会

Williamson, J. 1978 *Decoding Advertisement:Ideology and Meaning in Advertising*, Marion Voyars＝山崎カヲル・三神弘子訳『広告の記号論（I・II）』拓殖書房

Wittgenstein, L. 1936-49 *Philosophische Untersuchungen*＝1976　藤本隆志訳『哲学探究』(全集 8)大修館書店

山口節郎　1982「間主観性の社会学」『基礎社会学』第II巻　東洋経済新報社

矢島忠夫　1983「超越論的観念論とモナド論」『弘前大学教育学部紀要』第49号

山岸健・船津衛著　1993『社会学史の展開』北樹出版

山田友幸　1985「他人の痛み――類推説の復権をもとめて」『哲学誌』27

吉澤伝三郎　1981『生活世界の現象学――フッサールの危機書の研究』サイエンス社

吉澤夏子　1982「A. シュッツにおけるフッサール哲学の意義――“自然的態度の構成的現象学”とは何か――」『哲学』第74

集
――――　1984「社会学と間主観性問題――“主観主義”批判・再考」『社会学評論』35巻2号
――――　1985「他者」山岸健・江原由美子編『現象学的社会学』三和書房
――――　1986「不可逆性のメタファー――ルーマン理論における時間生成のメカニズム」『ソシオロゴス』第10号
――――　1987a「広告はどのように理解されているか――内的文脈理解と外的文脈理解」『フォーラム』5跡見学園女子大学文化学会
――――　1987b「世界・〈できごと〉・時間」山岸健編『日常生活と社会理論――社会学の視点』慶応通信
――――　1988「『観察』と他者性」『哲学』86集　三田哲学会
――――　1993『フェミニズムの困難』勁草書房
――――　1995「他者の経験」『他者・関係・コミュニケーション』(岩波講座『現代社会学3』) 岩波書店
――――　1997『女であることの希望』勁草書房

シュッツ／ルーマン関連文献（翻訳と上記以外の主な著作のみ）

馬場靖雄　2001『ルーマンの社会理論』勁草書房
ヴァイトクス　1996　西原和久ほか訳『「間主観性」の社会学：ミード・グルヴィッチ・シュッツの現象学』新泉社　1996
江原由美子　1985『生活世界の社会学』勁草書房
グラチホーフ（編著）1996『亡命の哲学者たち：アルフレッド・シュッツ／アーロン・グールヴィッチ往復書簡1939-1959』佐藤嘉一訳　木鐸社　1996
土方昭　1998『反哲学の哲学 N. ルーマンの理論によせて』新泉社
土方透編　1990『ルーマン／来るべき知』勁草書房
廣松渉　1991『現象学的社会学の祖型――A. シュッツ研究ノート』青土社

石戸教嗣　2000 『ルーマンの教育システム論』恒星社厚生閣
春日淳一　1996『経済システム――ルーマン理論から見た経済』文真堂
片桐雅隆　1982 『日常世界の構成とシュッツ社会学』時潮社
――――― 1993『シュッツの社会学』いなほ書房
――――― 2000『自己と「語り」の社会学――構築主義的展開』世界思想社
河上倫逸　1991『社会システム論と法の歴史と現在――ルーマン・シンポジウム』未來社
ルーマン　1977　村上淳一・六本佳平訳『法社会学』岩波書店
――――― 1983　土方昭訳『社会システムのメタ理論』新泉社
――――― 1983　土方昭監訳『法と社会システム』新泉社
――――― 1983　土方昭訳『システム理論のパラダイム転換 N. ルーマン日本講演集』お茶の水書房
――――― 1984/1987　佐藤嘉一・山口節郎・藤沢賢一郎訳『批判理論と社会システム理論上・下』木鐸社
――――― 1985　佐藤勉訳『社会システム理論の視座――その歴史的背景と現代的展開』木鐸社
――――― 1986　土方昭訳『エコロジーの社会理論』新泉社
――――― 1986　長岡克行訳『権力』勁草書房
――――― 1986　土方昭監訳『社会システムと時間論』新泉社
――――― 1990　大庭健・正村俊之訳『信頼――社会的な複雑性の縮減のメカニズム』勁草書房
――――― 1990　馬場靖雄・上村隆広訳『目的概念とシステム合理性』勁草書房
――――― 1990　今井弘道訳『手続を通しての正統化』風行社
――――― 1991　春日淳一訳『社会の経済』文眞堂
――――― 1993／1995　佐藤勉監訳『社会システム理論（上）（下）』恒星社厚生閣
――――― 1996　土方透・大澤善信訳『自己言及性について』国文社
宮台真司　1989『権力の予期理論』勁草書房
村中知子　1996『ルーマン理論の可能性』恒星社厚生閣
森元孝　1995『アルフレート・シュッツのウィーン』新評論

——— 2001『アルフレッド・シュッツ——主観的時間と社会的空間』東信堂
中野敏男　1993『近代法システムと批判——ウェーバーからルーマンを超えて』弘文堂
那須壽　1997『現象学的社会学への道』恒星社厚生閣
西原和久　1998『意味の社会学——現象学的社会学の冒険』弘文堂
———— 編著　1991『現象学的社会学の展開』青土社
————・張江洋直・井出裕久・佐野正彦編著　1998『現象学的社会学は何を問うのか』勁草書房
佐藤勉　1997『コミュニケーションと社会システム——パーソンズ・ハーバーマス・ルーマン』　恒星社厚生閣
シュッツ, A. 1982　佐藤嘉一訳『社会的世界の意味構成——ヴェーバー社会学の現象学的分析』木鐸社
———— 1974『現象学と社会の学：他我認識の問題』深谷昭三訳　三和書房
———— 1980『現象学的社会学』森川真規雄・浜日出夫訳　紀伊国屋書店
———— 1980『現象学的社会学の応用』中野卓監修・桜井厚訳　お茶の水書房
———— 1983／1985／1991／1998 渡部光・那須壽・西原和久訳『アルフレッド・シュッツ著作集第一巻・社会的現実の問題[1]』『アルフレッド・シュッツ著作集第二巻・社会的現実の問題［2］』『アルフレッド・シュッツ著作集第三巻・社会理論の研究』『アルフレッド・シュッツ著作集第四巻・現象学的哲学の研究』マルジュ社
山岸健　1977(増補版1985)『社会的世界の探究——社会学の視野』慶応通信
山口節郎　1982『社会と意味——メタ社会学的アプローチ』勁草書房
山田富秋　2000『日常性批判：シュッツ・ガーフィンケル・フーコー』せりか書房

著者略歴

1955年　東京生まれ
1983年　慶応義塾大学大学院社会学研究科博士課程単位取得修了
現　在　日本女子大学人間社会学部教授
主　著　『フェミニズムの困難』(1993、勁草書房)
『他者・関係・コミュニケーション』(1995、共著、岩波書店)
『社会学のすすめ』(1996、共著、筑摩書房)
『女であることの希望』(1997、勁草書房)
E-mail　ynatsuko@fc.jwu.ac.jp

世界の儚さの社会学　シュッツからルーマンへ

2002年5月15日　第1版第1刷発行

著　者　吉《よし》澤《ざわ》夏《なつ》子《こ》
発行者　井　村　寿　人

発行所　株式会社　勁《けい》草《そう》書　房

112-0005 東京都文京区水道2-1-1　振替 00150-2-175253
(編集) 電話 03-3815-5277／FAX 03-3814-6968
(営業) 電話 03-3814-6861／FAX 03-3814-6854
図書印刷・青木製本

世界の儚さの社会学　シュッツからルーマンへ

2018年8月10日 オンデマンド版発行

著 者 吉 澤 夏 子

発行者 井 村 寿 人

発行所 株式会社 勁《けい》 草《そう》 書 房

112-0005 東京都文京区水道 2-1-1 振替 00150-2-175253
（編集） 電話 03-3815-5277／FAX 03-3814-6968
（営業） 電話 03-3814-6861／FAX 03-3814-6854

印刷・製本 (株)デジタルパブリッシングサービス http://www.d-pub.co.jp

AK340

ISBN978-4-326-98339-1 Printed in Japan